Sois libre et ris

ISBN : 9798322989615

Dépôt légal : Mai 2024

Illustration : Ludovic METZKER

SONIA FRANÇOIS

Sois libre et ris !

Roman

À mon mari Christophe, sans qui je n'aurais jamais osé
aller au bout de mes rêves...

Louise

1

« À cœur vaillant, rien d'impossible. »
Jacques Cœur

Moi, c'est Louise. Trente-huit ans, enseignante, pas très grande, un physique passe-partout, pas vraiment le style de personne que l'on remarque au premier abord. J'habite dans un petit village du Loir-et-Cher avec Valentin, mon mari ainsi que Léo et Constance, nos deux enfants. Le Loir-et-Cher ? Mais si, vous savez, le département dont parle Michel Delpech dans sa chanson, celle qui dit que les gens aiment y marcher dans la boue.

Vous y êtes ?

Je suis tout ce qu'il y a de plus banal. Maintenant que j'y pense, j'ai tout de même un trait particulier. J'adore lire et quand je dis j'adore, c'est vraiment dans le sens à la folie !

Ma passion pour la lecture m'est venue alors que j'étais très jeune. En réalité, elle est née dès que j'ai appris à reconnaître ces lettres qui en s'assemblant formaient des mots. Seules quelques semaines furent nécessaires pour déchiffrer toutes sortes de textes en parfaite autonomie. Au départ, j'avais presque pris cela pour de la magie.

Je lisais tout ce qui m'entourait, des panneaux routiers aux livres de cuisine de maman.

Par curiosité, j'allais même jusqu'à me plonger dans le bottin, et pourtant je n'ai rien de Rain Man ! Mon envie semblait insatiable. C'était comme si un monde merveilleux s'offrait à moi.

Quelle découverte fabuleuse ! Je fus irrémédiablement happée par cet univers imaginaire qui se déployait devant mes yeux. Je pouvais vivre mille vies, changer de sexe, d'âge, d'époque ou de continent rien qu'en ouvrant un ouvrage.

C'était juste sublime !

Ma mère comprit rapidement cette passion : *Les Aventures de Oui-Oui et sa maison pour lui tout seul* furent vite remplacées par la série de *l'Étalon noir*. Avec plus de vingt tomes, j'avais de quoi m'occuper.

Depuis toujours, dès le moment où je pénètre dans une histoire, j'éprouve de grandes difficultés à remettre les pieds sur terre. Je lis dès que je le peux, et lorsque je suis plongée dans l'un de ces récits, il faut souvent m'appeler plusieurs fois pour que je réagisse et que je quitte le monde de l'imaginaire. Ayant lu pendant des années dans le bruit des transports en commun parisiens, je peux m'isoler tout à fait dans ma bulle. Je ne vous cache pas que j'ai oublié quelques fois de descendre du bus ou du métro au bon endroit, ce qui m'obligeait à rebrousser chemin. Cela m'a beaucoup aidée dans ma quête d'autodérision que je maîtrise parfaitement désormais.

Lorsque je vois, aujourd'hui, ma fille Constance avoir la même attitude, je la regarde avec tendresse en attendant qu'elle revienne d'elle-même vers nous. Un retour brutal à la réalité est toujours douloureux.

Ma rencontre avec Jules Verne et son *Voyage au centre de la Terre* fut une révélation : je me suis rendu compte que j'adorais cet univers onirique où la frontière entre la fiction et le réel est si ténue. La découverte de Pierre Bottero, près de dix ans plus tard, consolidera mon amour du fantastique et cette envie de croire qu'un seul pas sur le côté permet de basculer d'un monde à l'autre.

Ainsi, lorsque je me rends dans un lieu mystique comme la forêt de Brocéliande, je me dis que si je suis assez attentive, je ferais sûrement la connaissance d'un membre du petit peuple ! Par conséquent, je reste à l'écoute des bruits de la lande et j'ouvre très grand les mirettes, mon attitude amuse follement mon mari. J'ai de la chance, mes fantaisies le divertissent !

Je me suis toujours sentie protégée au milieu des livres, comme s'ils étaient là pour veiller sur moi. Depuis l'enfance, chaque fois qu'ils m'entourent, je suis sereine : tels des milliers d'amis qui seraient avec moi et me regarderaient avec bienveillance, que j'arpente une librairie hors d'âge, ou encore une bibliothèque. Cette même sensation m'étreint lorsque je me promène sur une brocante où j'aime fouiner et chercher des trésors dans les bacs aux pieds des exposants.

Quel plaisir, alors que je n'étais qu'une jeune femme, de rencontrer Valentin, mon futur mari et de réaliser que la même passion l'animait ! Jamais je n'ai eu besoin de lui expliquer mon ressenti face à un bon livre. D'instinct, il le comprend.

Notre bibliothèque familiale nous ressemble : sur un pan de mur se trouvent les éditions originales de nos auteurs préférés. Jules Verne d'abord, le premier qui nous a fait aimer la lecture ; André Laurie, son acolyte, connu pour ses écrits sur l'éducation dans les différents pays et autres magnifiques ouvrages du dix-neuvième siècle. Ensuite, chacun a son espace privilégié. Le mien est composé de livres très hétéroclites.

De la romance feel-good, très en vogue en ce moment, aux romans historiques en passant par les fictions contemporaines, les auteurs comme les genres s'entremêlent. L'univers de Valentin tourne surtout autour du fantastique. Il a découvert très jeune Tolkien, Stephen

King et depuis il a vu émerger des maîtres de la science-fiction comme Pierre Bordage et Laurent Généfort. Il a également une tendresse particulière pour Jean Teulé et ses histoires complètement déjantées. Ces derniers temps, il s'est intéressé à un nouvel auteur, Nil Borny, dont il a adoré le style très singulier.

Ce lieu est notre cocon. Nous nous y sentons merveilleusement bien, chacun dans notre fauteuil, à partager ce moment de lecture et de douceur. J'aimerais, avec le projet qui me trotte dans la tête, faire venir cette quiétude dans chaque foyer. Que chacun se rende compte qu'avec une bonne lecture, le bonheur ne tient qu'à quelques pages. Je pourrais également présenter mes trouvailles littéraires à d'autres personnes et en tirerais une richesse incroyable, j'en suis persuadée. Dans ce monde où chacun vit à cent à l'heure, j'ai souvent l'impression qu'il est temps de ralentir le rythme et que cela permettrait à quelques-uns de gagner en sérénité.

Mais, je réalise qu'avant de vous parler de mon projet plus en détail, un petit retour en arrière s'avère nécessaire. À mon entrée dans la vie active, j'ai enchaîné les emplois alimentaires : caissière, vendeuse, hôtesse d'accueil.

Une année, j'ai même passé les fêtes à faire les papiers cadeaux dans un grand magasin de jouets. À la suite de ma seconde grossesse, j'ai pris un virage à cent quatre-vingts degrés en me tournant vers l'enseignement.

L'envie de transmettre et de partager se faisait très forte, je l'ai suivie. Une année de cours et j'avais le concours en poche. Pour mon premier poste comme pour les suivants, mon choix fut d'exercer à la campagne. Avec le recul, je me sens plus proche de cette existence apaisée plutôt que de la vie citadine effrénée, dans laquelle j'ai pourtant vécu une vingtaine d'années.

Mon quotidien est partagé entre mes élèves, mes enfants et mon merveilleux mari. Rien à dire, je suis parfaitement épanouie. Néanmoins, depuis quelque temps, je ressens comme un manque que j'ai fini par identifier. Je dois réaliser un rêve, MON rêve. La quarantaine approche maintenant, et mes « bébés » grandissent. Ils deviennent de plus en plus autonomes et, dans quelques années, ils auront beaucoup moins besoin de ma présence. Le moment idéal pour me lancer est arrivé et je sais que, quel que soit mon projet, mon mari Valentin me soutiendra. Il est mon roc et mon meilleur ami, toujours à mes côtés, les yeux emplis de fierté quoi que j'entreprenne.

Ce nouveau projet a germé au fur et à mesure de mes lectures et de mes visites sur les réseaux sociaux. Depuis quelques mois, d'échanges en recherches, je me suis fait une idée assez précise de ce désir : je voudrais créer une librairie ambulante pour apporter la littérature aux quatre coins de mon département. En effet, étant peu peuplé, celui-ci s'étend sur des milliers de kilomètres carrés et, même si une médiathèque existe dans mon secteur, les deux bibliothécaires n'arrivent pas à satisfaire toutes les envies. De plus, le besoin d'une librairie pour acheter ses propres livres se fait ressentir, car aucune n'existe dans un rayon de trente kilomètres.

Vous me direz, quel beau rêve ! Entre avoir une idée en tête et la réaliser, la marche est souvent difficile à gravir. J'ai conscience que je devrais faire preuve de ténacité. Toutefois, je m'en sens capable, d'autant plus que cela ne serait pas le premier défi que j'aurais relevé dans ma vie.

Louise

2

« On ne peut dire à quel moment précis naît l'amitié. Si l'on remplit un récipient goutte à goutte, il finit par y en avoir une qui le fait déborder ; ainsi lorsque se succèdent les gentillesses, il finit par y en avoir une qui fait déborder le cœur. »
Ray Bradbury, *Fahrenheit 451*

Une fois ma décision prise et annoncée à ma famille, je devais absolument en parler à Suzanne. Ah ma Suzanne ! Elle est l'une des deux bibliothécaires de la communauté de communes dans laquelle je vis. La petite cinquantaine, des cheveux roux souvent hirsutes, un style vestimentaire incomparable, une joie de vie inépuisable et, surtout, un grain de folie très assumé. Rencontrée au cours d'un des nombreux projets mis en place avec ma classe, elle avait des idées qui sortaient vraiment de l'ordinaire et je me reconnaissais dans sa façon de penser.

Ensemble, nous avons passé des heures à organiser sa première intervention. Elle devait venir pour créer, avec les élèves, des panneaux qui raconteraient l'histoire de la route de la Soie.

Nous avons tout de suite été sur la même longueur d'onde.

J'ai ensuite pris l'habitude de lui rendre très régulièrement visite à la bibliothèque.

Nous partageons ce même amour des livres et elle a toujours de nombreuses nouveautés à me faire découvrir.

Ainsi, de fil en aiguille, d'année en année, une solide amitié s'est construite.

Désormais, Suzanne est pour moi un repère. D'une douzaine d'années mon aînée, elle sait trouver les mots justes pour m'orienter dans mes choix et je ne prends aucune décision sans lui demander conseil. Plus que tout, elle m'a appris à mettre de la distance afin d'agir avec davantage d'objectivité. Comme je suis plutôt du genre impulsif, le chantier sur le sujet est vaste et elle doit encore de temps à autre me tempérer.

Nous sommes toujours là l'une pour l'autre. Quelles que soient les épreuves traversées respectivement, elles nous ont systématiquement rapprochées. C'est pourquoi je ne pouvais que lui demander son avis sur mon idée d'une nouvelle reconversion et je profitais de l'une de nos balades pour lui exposer mon projet :

– Suzanne, une fois de plus, j'ai besoin de l'un de tes conseils avisés.

Interpellée par ma requête, elle ne tarde pas à me répondre :

– Ah, oui ?

– Tu sais que je commence à avoir fait le tour de mon métier.

– Oui, tu m'en as parlé.

– J'ai le sentiment qu'il me manque un petit quelque chose…

– Ce quelque chose a déjà un nom, n'est-ce pas ? me dit-elle, espiègle.

– Tu me connais parfaitement ! L'autre jour, sur internet, j'ai lu un témoignage d'une libraire qui, après avoir été sédentaire, a décidé de devenir nomade. Elle a acheté un camion qu'elle a réaménagé à son goût et depuis, elle sillonne les routes de son département. Ce changement d'horizon lui convient à merveille. Cette idée est géniale et j'aimerais tenter l'aventure. Et toi, qu'en penses-tu ?

Après quelques secondes de réflexion, Suzanne me répond, un grand sourire aux lèvres.

– Absolument fantastique. Je trouve que cela t'irait comme un gant. Quand est-ce que tu te lances ?

– La mise en œuvre est compliquée, car elle implique un changement de vie radical…

– Tu te cherches des excuses… Et souviens-toi des paroles de Mark Twain : « *Ils ne savaient pas que c'était impossible, alors ils l'ont fait.* »

– Vu ainsi…

Mon amie sait exactement comment lever les rares doutes qui m'habitent encore, mais elle n'hésite pas à renchérir au cas où j'hésiterais encore :

– Et cela pourrait nous aider avec la bibliothèque. Certaines zones ne sont pas couvertes par le portage à domicile, car elles sont trop isolées. Ta librairie ambulante permettrait d'y accéder ! Bien sûr, nous te verserions une indemnité pour que cette activité soit rentable pour toi.

– Ah ! Si je peux, en plus, rendre service à la communauté et augmenter mon chiffre d'affaires au passage. Aucune raison de ne pas franchir le pas si je comprends bien.

– Dans le mille ! sourit Suzanne.

Je soupire de soulagement, me sentir soutenue fait tant de bien.

Dans ma joyeuse tribu, se trouve aussi Bob, l'épicier de Saint-Georges, un petit village de la Beauce. En réalité, Bob n'est pas vraiment son nom, mais c'est celui dont nous l'avions affublé avec Valentin. Bien entendu, la référence à la célèbre éponge carrée du dessin animé est volontaire, nous en sommes fans ! Nous venons souvent dans sa boutique après le travail pour déposer des colis ou faire quelques emplettes.

Nous avons pris pour habitude de dire :

« Ce soir, je passe chez Bob, tu as besoin de quelque chose ? »

Ce qui n'était au départ qu'une blague est ensuite devenue une localisation très précise. Cela avait d'ailleurs beaucoup amusé notre ami quand nous lui avions raconté.

En réalité, Marc de son vrai prénom est, contrairement à nous, un enfant du cru. L'épicerie qu'il tient est un héritage familial. Imaginez une vieille bâtisse dont le fronton arbore l'enseigne « Auberge au coin d'la rue ». Lorsque les grands-parents de Marc étaient arrivés dans le village, elle leur avait immédiatement plu et ils l'avaient achetée sans tarder.

Par souci d'authenticité, ils avaient voulu la conserver dans son jus. Sa façade massive, parsemée de briques rouges, leur avait donné l'impression qu'elle résisterait au passage du temps. Et ils ne s'étaient pas trompés, car depuis maintenant cinquante ans, l'épicerie est une véritable institution dans le secteur.

Ils avaient transformé le bas de l'auberge en magasin. L'espace était vaste, facile à utiliser et disposait déjà d'une zone spécifique pour le stockage des marchandises.

L'étage, qui comportait une petite dizaine de chambres, avait été complètement repensé. Quatre d'entre elles avaient été réunies pour créer un appartement. Une cuisine, une salle de bains, leur chambre à coucher et un salon avaient composé leur intérieur. Ils avaient gardé les autres pièces pour accueillir des amis, de la famille. Au moment de leur retraite, sans surprise, le père de Marc avait hérité de l'affaire. Sa femme, infirmière libérale, l'aidait ponctuellement. Marc était venu au monde dans cet environnement particulier et il avait grandi, entouré chaque jour des gens du village, qui avaient trouvé tout naturel de le voir prendre la suite.

Âgé d'une trentaine d'années, il est le beau gosse par excellence, mais il n'en joue pas le moins du monde. Même les regards en biais et les ricanements des adolescentes qui franchissent le seuil du magasin ne l'émeuvent pas. Il en a l'habitude, et cela le fait doucement sourire. Si les habitants continuent à fréquenter l'épicerie, c'est qu'ils y trouvent chaque jour un accueil chaleureux. Comme ses parents et ses grands-parents avant lui, Marc connaît chaque client régulier et le salue par son prénom. Il attend, par exemple, Oscar Pimpaud chaque matin vers 8 h 30 avec *La Nouvelle République* dans les mains et un croissant aux amandes que ce dernier aime déguster pour son goûter. Vers 10 h, c'est au tour d'Odette Mercier, sa mamie préférée, de franchir le seuil du magasin.

Pour elle, le « croustillant » est un impondérable !

Chaque jeudi, elle guette la sortie hebdomadaire de son magazine favori. Elle se délecte ensuite de chaque page dont elle fait un compte-rendu circonstancié à toutes ses amies !

Marc aime cette vie simple, rythmée par les horaires d'ouverture de sa boutique, même si cela ne lui laisse que peu de repos. Il se plie toujours en quatre pour satisfaire ses clients et trouver le produit dont ils ont envie. Cela tient presque de la dévotion. Grâce à cette implication, l'épicerie a résisté toutes ces années. Sur le trottoir d'en face, monsieur et madame Martin, les boulangers, complètent l'artère commerçante de Saint-Georges. L'odeur, si agréable, du bon pain chaud, pétri et cuit de façon traditionnelle, chaque matin, vaut toutes les publicités du monde.

Cet environnement nous a séduit Valentin et moi, et nous avons choisi d'y vivre et d'y élever nos enfants, Léo et Constance. Sans aucun regret, nous avons abandonné notre quotidien de banlieusards pour venir nous installer dans un cadre de vie plus proche de nos aspirations. Nous avions découvert cette région au cours de l'un de nos nombreux week-ends en amoureux, et nous nous étions promis qu'une fois que nous serions devenus parents, elle serait l'endroit idéal pour poser nos valises. Le calme, les grands espaces, nous avaient charmés autant l'un que l'autre.

À force de rencontres, nous avons sympathisé avec Marc. Sa bonne humeur et son sens de l'accueil hors norme ont fait de lui un homme dont nous apprécions la compagnie. C'est donc, tout naturellement, que je lui ai parlé de mon projet :

— Dis-moi, Marc… Je pense ouvrir une librairie ambulante…

— Avec un camion qui se déplace, tu veux dire ?

— Oui, parfaitement. Est-ce que tu crois que des personnes seraient intéressées dans le secteur ?

— Sans aucun doute ! Mais si tu souhaites te faire connaître, j'ai un tuyau hors pair !

Son air de conspirateur m'intrigue, j'essaie donc d'en savoir plus :

— Mettre des petites annonces chez les commerçants ?

— Non, quelque chose de beaucoup plus fun !

Il me laisse chercher un instant, mais devant mon silence persistant, il poursuit :

— On dirait que tu n'as pas encore rencontré Odette Mercier !

— Je la connais uniquement de vue. Qu'a-t-elle de si particulier ?

— C'est une super mamie très rigolote et surtout LA commère du secteur. Si tu veux qu'une info circule, je ne connais pas de meilleur canal de diffusion…

— Excellente idée, je te laisse donc lui en parler et lui transmettre mes coordonnées. Elle semble vraiment gagner à être connue !

J'accompagne ma dernière remarque d'un sourire éclatant et le quitte en le remerciant pour son aide précieuse.

Louise

3

Forte de tous ces avis positifs, je me décide donc à me lancer dans l'aventure. Ma toute première tâche consiste à lister l'indispensable pour démarrer. Tout d'abord, le budget : le coût du camion, son aménagement, l'achat des premiers livres. Penser également aux prestations complémentaires à proposer. Suzanne et Marc ont déjà suggéré l'idée d'un service de portage à domicile, la première pour des livres, le second pour des courses, moyennant rémunération. Enfin, et ce n'est pas le moindre, je dois calculer combien je devrais gagner pour pouvoir me verser un salaire même si je sais pertinemment qu'au début, il sera vraiment faible.

Grâce aux multiples recherches rendues beaucoup plus faciles grâce à internet, j'estime qu'un budget de 45 000 € pourrait couvrir les premiers frais. Au moins, nul besoin de financer mon permis. Comme j'avais été précédemment chauffeuse-livreuse, je disposais déjà du précieux sésame. Je n'aurais jamais pensé qu'il me resservirait par la suite. Comme quoi, rien n'arrive vraiment par hasard !

Heureusement, de nos jours, de nombreuses manières de trouver des capitaux existent. Ma banque accepte de me prêter une grande partie de la somme. Pour les 5 000 € restants, je fais appel au financement participatif.

C'est ma veine, en ce moment, ce type de projet a le vent en poupe. Un mois de campagne suffit pour collecter le montant attendu.

La dernière chose à faire, et pas des moindres, reste d'obtenir de l'Éducation nationale ma disponibilité. D'abord pour un an, je pourrais la reconduire jusqu'à trois années. Heureusement, j'avais anticipé et fait les démarches dès mars, car je savais qu'un délai de trois mois était nécessaire pour la décrocher. Grâce à une inspectrice compréhensive, je parviens, sans trop de difficultés, à faire valider ma demande.

Lorsqu'est venu le moment de chercher un véhicule, j'ai eu, de nouveau, une chance insolente. En effet, en à peine une quinzaine de jours, j'ai déniché un vieux bibliobus très à la mode quelques années auparavant. Il a l'avantage de posséder déjà tout l'aménagement nécessaire pour le rangement des livres et de disposer d'un espace détente. Je n'aurai plus qu'à placer quelques coussins au sol pour créer le coin idéal de lecture pour les plus jeunes. Valentin et moi allons profiter de l'été pour le remettre à neuf. En apercevant ce libriobus, les gens doivent ressentir l'envie de s'approcher pour le découvrir. Il ne nous reste plus qu'à lui trouver un nom et une identité visuelle.

Assis sur le perron de la maison, Valentin et moi jouissons du soleil couchant par une douce soirée estivale et nous nous laissons envahir par la quiétude du moment. Aucune parole ne vient troubler le silence.

Tout à coup, mon mari se tourne vers moi et m'annonce :

– Et si tu l'appelais *le Nautilus* ?

Je comprends immédiatement qu'il fait référence au camion.

J'ai l'habitude de ses idées fulgurantes, et souvent très lumineuses. J'attends qu'il m'en dise plus.

– Je cherchais le nom de véhicules célèbres en rapport avec la littérature. *Le Nautilus* est le premier qui me soit venu à l'esprit.

– Tu le tiens, c'est parfait ! Tu sais que tu es vraiment doué.

Il relève la tête, fier comme un coq.

– Oui, je sais, je sais. On me le dit souvent !

Ça y est, je suis lancée moi aussi. Les rouages de mon cerveau se mettent en branle.

– Et l'on écrira en dessous, Voyage au cœur des livres, pour ajouter une autre référence à Jules Verne et on le décorera avec des illustrations des *Voyages extraordinaires*.

Mon homme acquiesce, notre tandem de choc a encore frappé. Depuis, toutes ces années, nous avons toujours formé, de la façon la plus naturelle du monde, une merveilleuse équipe. Pour vous le prouver, je vais vous raconter une petite anecdote. Nous commencions tout juste à nous fréquenter quand nous étions partis faire une sortie en kayak sur le Cher avec une bande d'amis. Rapidement, l'excursion tourna au cauchemar pour la plupart des couples. Ils n'arrêtaient pas de se chamailler, incapables de se coordonner tandis que nous ramions en toute harmonie. Quelques minutes nous avaient suffi pour trouver notre équilibre. Aujourd'hui encore, il rythme notre vie.

Une douce complicité, une évidence simple sont nées ce jour-là et ne se sont jamais démenties.

Au 30 septembre, je suis fin prête à me lancer dans cette nouvelle aventure avec un peu d'appréhension certes, mais tellement d'excitation.

Ces mois de préparation ont été fatigants, mais si vivifiants. Désormais, mon changement de vie est sur le point de se concrétiser. Je me rassure en me disant qu'avoir réussi à mener à bien ce rêve est d'ores et déjà fabuleux.

Mais la suite m'effraie, dire le contraire manquerait d'honnêteté.

Au début, pour me faire connaître des habitants, je choisis de faire les marchés. Adolescente, j'avais travaillé pour un marchand de fruits et légumes. Je me souviens avoir adoré cette ambiance de frénésie qui ne cessait qu'en fin de matinée. J'avais hâte de la retrouver. Dans un premier temps, je décide de louer un emplacement, le mercredi et le samedi, sur deux sites différents. Je me prépare avec autant d'impatience que d'angoisse pour mon tout premier jour. La veille, je me sens comme à l'aube d'une nouvelle rentrée scolaire, mais définitivement prête à plonger dans le grand bain ! Comment cela va-t-il se passer ? Est-ce que les gens seront curieux ? Dès 4 h du matin, je suis sur le pied de guerre. Plus moyen de revenir en arrière, je dois sauter. Pour faire taire l'angoisse qui m'étreint, je me dis que je vais pouvoir m'appuyer un peu sur ma notoriété. En tant qu'ancienne directrice de l'école de ce village, je connais déjà pas mal de monde et cela devrait m'aider pour mes débuts.

Il y a belle lurette que je n'étais pas rendue si tôt au marché !

Tout de suite, je me sens à l'aise dans ce fourmillement, au milieu de tous les étals qui sont en train de se monter. Je retrouve avec délice les bruits, les odeurs de mon adolescence. Comme chacun se fréquente depuis bien longtemps, les conversations sont joviales et l'ambiance très détendue. On m'offre même un café pour me souhaiter la bienvenue.

Voilà qui est encourageant. Les autres exposants ont entendu parler de mon arrivée, et ils sont très curieux de découvrir mon stand.

L'un d'eux, un homme entre deux âges, habillé d'un tablier rouge et blanc plastifié, s'approche :

— Alors, c'est toi la nouvelle ?

– Il semblerait.

Son air goguenard m'intimide.

– Je te souhaite la bienvenue. Quelle riche idée de venir vendre des livres ici, ton stand donnera au marché un attrait supplémentaire.

– Merci pour ces encouragements et surtout pour cet accueil, vraiment très agréable.

– De rien, ma p'tite dame, nous savons recevoir, me glisse-t-il en repartant.

J'ouvre la porte du bus et je commence à m'installer. Je sors d'abord les caisses préparées hier à la maison. J'ai pris soin de choisir des livres contemporains, ainsi que des classiques qui font toujours rêver. Jane Austen, Molière, Zweig côtoient les derniers ouvrages de Michel Bussi et d'Agnès Martin-Lugand. Depuis l'enfance, je me suis nourrie de cette diversité. J'ai aussi sélectionné quelques albums jeunesse que j'affectionne particulièrement et des livres de seconde main pour satisfaire les petits budgets.

La première impression est primordiale : pour bien mettre en valeur mon étal, j'ai préparé, avec l'aide de ma tribu, des affiches colorées. J'ai également fait réaliser des prospectus à distribuer pour faire de la vente ambulante et du portage à domicile.

Tout est fin prêt. Je recule de quelques mètres et j'observe, avec émotion, le travail accompli. Je suis sur la ligne de départ, impossible de faire machine arrière. Désormais, je dois concrétiser tous les efforts entrepris depuis plusieurs mois.

Au départ, les passants s'approchent pour observer et rapidement, certains commencent à explorer les bacs. Souvent, je les laisse trouver leur bonheur par eux-mêmes. Je sais mieux que quiconque que le choix d'un livre est très personnel. Bientôt, les premières questions fusent :

– Faites-vous une tournée ? me demande une jeune maman.

Comme j'acquiesce, elle poursuit :

– Pourriez-vous me donner votre circuit ?

– Vous serez présente sur ce marché uniquement ou vous aurez d'autres points de vente ? m'interroge un homme d'une cinquantaine d'années.

Ravie, je prends le temps de répondre à chacun et je leur tends ma carte de visite. Je me sens heureuse, tout simplement. Apercevoir un sourire sur les visages de personnes qui achètent ces ouvrages choisis avec soin me comble de joie. Je me rends compte que le temps investi en valait la peine.

Vers le milieu de la matinée, je vois débarquer Valentin, Léo et Constance.

– Alors, comment t'en sors-tu ? m'interroge mon mari.

– Les clients semblent intéressés, j'ai fait quelques ventes, et beaucoup me posent des questions sur le projet, notamment sur mon circuit de distribution. Ils se renseignent pour des proches qui ne peuvent pas spécialement se déplacer ou pour eux-mêmes. Je suppose que je devrais avoir des appels dans le courant de la semaine pour tout organiser.

– Chouette ! Tu as l'air très épanouie et j'en suis heureux. C'est tout ce qui compte.

– Maman, demande Léo, est-ce qu'on peut faire quelque chose pour t'aider ?

– Oui, avec plaisir. Avec ta sœur, pourriez-vous distribuer des prospectus dans les allées du marché ? S'ils ont des questions, envoie-les-moi. Merci les enfants !

Une vingtaine de minutes plus tard, ils reviennent fiers d'avoir accompli leur mission. Leurs mains sont vides.

Une fois ma famille partie, le flux s'intensifie. Il est maintenant 11 h, c'est généralement le moment où le marché connaît son affluence record.

De tous les côtés, les clients se tournent vers leurs commerçants qui les saluent chaleureusement. Je ne sais même plus où donner de la tête pour répondre à toutes les demandes. J'adore cette effervescence qui me ramène des années en arrière. Je vois que le marché est toujours un lieu de rencontre privilégié, un lieu de vie.

Quelle matinée riche en émotions ! Après le stress du déballage, l'euphorie des premières ventes, l'adrénaline du coup de feu, je me sens complètement vidée, mais comblée. Je range l'ensemble de mon matériel dans le camion. Je salue mes voisins et je prends le chemin de la maison pour profiter d'un repos bien mérité.

Louise

4

À la suite de ma matinée sur le marché, je reçois un certain nombre d'appels. *A priori*, la distribution de prospectus par mes enfants a porté ses fruits. Mon agenda se remplit d'une petite dizaine de rendez-vous d'ici à la fin de la semaine, ce début est encourageant.

Sur les conseils de Marc, je m'apprête, le mardi suivant, à faire la connaissance d'Odette Mercier. Cela va sûrement être très amusant. Nous devons nous retrouver sur le banc du square à côté de la maison de retraite. Je suis arrivée un petit peu en avance. Comme souvent, pour patienter, j'ai le nez dans un bouquin. Je ne vois donc pas approcher cette drôle de dame. Dès que je lève les yeux, je suis impressionnée : la toilette d'Odette Mercier rappelle les gravures de mode. J'estime qu'elle avoisine les soixante-dix ans, pourtant elle se tient encore très droite, son port de tête est incroyable. Son visage affiche une réelle espièglerie et un je-ne-sais-quoi d'irrésistible. Elle arbore un tailleur rose bonbon du dernier chic, qu'elle porte à merveille. Un collier fantaisie aux tons pastel habille son cou de douces couleurs et lui donne une petite touche d'excentricité.

Arrivée devant moi, elle s'immobilise et commence :
– Alors jeune fille, c'est moi que vous attendez ?
Dans un sursaut, un peu surprise, je relève la tête et balbutie :

– Bonjour, vous devez être madame Mercier ?

– Ah non, je t'arrête tout de suite, pas de ça entre nous, appelle-moi Odette.

Je réponds, quelque peu hésitante :

– D'accord… Odette.

– Bon, ma petite, que puis-je faire pour toi ?

Visiblement, elle n'a pas pour habitude d'y aller par quatre chemins… Je décide donc de la suivre sur cette voie.

– Marc m'a dit que vous pourriez m'aider à faire connaître la librairie ambulante que je viens de monter.

– Ah oui, je vois. Tu souhaites faire appel à ma légendaire radio potin. Marc a raison, c'est une excellente idée.

– Je vous remercie. De quelles infos auriez-vous besoin concernant mon activité ?

– Quel genre de livres vas-tu vendre ? Comment te contacter ? Ce genre de choses, quoi !

– Pour les types de livres, j'ai fait une première sélection. Ensuite, comme tous les libraires, je peux commander n'importe quel ouvrage. Pour me joindre, rien de plus simple : voici ma carte avec mon numéro.

– Ouh là, si tu veux vraiment que j'en parle à toutes mes copines, une seule ne suffira pas ! Allez, vas-y, file-moi le paquet.

Un peu impressionnée, je lui tends toutes mes cartes. Elle les observe attentivement et me demande :

– *Le Nautilus*, c'est pas dans un livre de Jules Verne, ça ?

– Si *Vingt mille lieues sous les mers*, c'est le sous-marin du capitaine Nemo.

– Ah oui je me souviens, ce sont des récits fantastiques. Pas vraiment ma tasse de thé. Moi, ce que je préfère ce sont les histoires d'amour, et surtout si elles sont un peu coquines. Tu pourras me trouver ça, dis-moi ?

Son aplomb me sidère, mais je poursuis :

– Oui, bien sûr, j'en ai déjà quelques-unes en stock d'ailleurs. Je peux me déplacer quand vous le souhaitez pour vous les montrer.

– Ah je veux ! Je vais en profiter pour inviter les copines. Quand est-ce que tu peux passer ?

– Demain matin, je fais le marché, mais je suis libre dans l'après-midi si cela vous va ?

– Parfait, tu n'as qu'à venir pour le goûter. Voici mon adresse, me dit-elle en détachant la page d'un petit carnet sur laquelle elle a inscrit ses coordonnées.

– Je vous prépare sans faute une sélection d'ouvrages pour demain, merci à vous.

– Ne me remercie pas, c'est toujours un plaisir de voir des jeunes proposer des choses originales dans notre village. Et cela nous donne un nouveau sujet de discussion. À demain !

Puis, comme elle est arrivée, Odette repart d'un pas vif et assuré. De mon côté, je me dis qu'effectivement cette mamie vaut le déplacement. J'ai comme pressentiment que je ne suis pas au bout de mes surprises. Tant mieux d'ailleurs, car j'adore ça !

L'après-midi est consacré à mes premiers rendez-vous.

Je peux prendre du temps pour conseiller mes clients et j'apprécie ce luxe. À chaque arrêt, mon libriobus fait une entrée toujours très remarquée.

En effet, l'arrivée dans une petite ville d'un bus décoré aux couleurs des aventures fantastiques de Jules Verne ne laisse personne indifférent. Pour plaire aux enfants, mais aussi pour moi (je vous dois d'être honnête), j'ai fait installer un klaxon comme celui des marchands de glaces américains. L'actionner est à chaque fois une grande jouissance !

En fin de journée, je me gare sur la place face à l'école de Beaulieu, village voisin de quelques kilomètres de Saint-

Georges. C'est l'heure de la sortie des classes, les enfants et leurs parents ne manquent pas de venir me voir. Je dois cette idée à mon amie Élise, la directrice de l'école. Avec l'accord de la mairie, je peux désormais m'y installer, le mardi soir, à partir de 16 h 30, une semaine sur deux.

Pour l'occasion, j'ai surtout sorti les bacs jeunesse pour que les enfants puissent explorer à leur guise. Pour les plus jeunes, quelques livres tout doux avec des formes en surimpression à caresser pour développer leur toucher. Pour les apprentis lecteurs, j'ai opté pour des récits accessibles et attrayants : des combats de chevaliers, des histoires de princesses et de monstres mythologiques. Pour les plus grands, mon auteur préféré, Roald Dahl, côtoie quelques mangas et bandes dessinées. Encore plus que les adultes, les enfants marchent à l'envie pour choisir un ouvrage, la sélection est donc cruciale si l'on ne veut pas faire chou blanc.

Je prends plaisir à les accompagner, je suis plutôt à l'aise avec ce public grâce à mon ancien métier.

Je les écoute, leur fais des propositions, guette un sourire, signe de leur assentiment.

Ce soir, un petit garçon semble très indécis. Comme il n'ose pas venir me demander conseil, je m'approche doucement de lui :

– Coucou mon grand, comment t'appelles-tu ?

– Timéo, répond-il timidement en baissant la tête.

– Est-ce que tu trouves ton bonheur ?

Dans un murmure, il soupire :

– De toute façon, tout ça, c'est trop long pour moi !

– J'en conclus donc que tu préfères les histoires courtes ?

– Oui.

– Drôles ?

– Oui.

– Alors j'ai sûrement quelque chose pour toi.

Après avoir fouillé quelques minutes, je brandis un livre vert avec un monstre sur la couverture : *Histoires pressées* de Bernard Friot.

Timéo attrape le livre, le retourne et me demande :

– Pourquoi pressées, elles sont en retard ?

Je ris à son trait d'humour.

– Non, c'est juste que, comme elles sont pressées de se terminer, elles sont courtes.

Satisfait de mon explication, il conclut :

– D'accord.

Le petit garçon rejoint en courant ses parents et leur montre sa trouvaille. Sa maman me remercie d'un hochement de tête. Elle aussi s'est choisi un livre. En passant à la caisse, j'interpelle Timéo :

– Et surtout, n'oublie pas de me dire si ça t'a plu ! Je serai de retour mardi dans quinze jours.

– Promis !

Une demi-heure plus tard, je remballe et prends le chemin de la maison.

Sachant que je vais être très fatiguée, Valentin a tout préparé. Cet homme est un amour ! Constance et Léo se sont lavés, ont fait leurs devoirs, et jouent maintenant tranquillement dans leur chambre. Au moment où je franchis la porte, je vois débouler deux tornades. J'ai à peine le temps d'ouvrir les bras que mes deux monstres sont déjà sur moi.

– Mamannnnnn, ça y est, tu es rentrée. Alors, comment ça s'est passé aujourd'hui ?

– Très bien, les enfants. Et vous à l'école, comment ça a été ?

– Bah l'école, c'est l'école ! rétorque Léo l'air consterné.

En lui frottant les cheveux, je regarde mon fils avec un brin de nostalgie. À onze ans, la préadolescence commence à œuvrer. Ce constat me rend à la fois triste et heureuse de le voir devenir un petit jeune homme.

– Alors moi à l'école, enchaîne Constance, j'ai mangé des épinards et du poisson pané.

Pour ma fille, l'école se résume souvent au repas de la cantine. Cette spécificité m'a toujours beaucoup amusée. Du haut de ses six ans, elle ne manque pas d'aplomb.

Après quelques minutes consacrées à mes enfants, je peux enfin approcher mon mari. Alors qu'il est en plein préparatif du dîner, Valentin pose ses ustensiles pour m'enlacer avec passion. À chaque fois que je le retrouve, je ne peux m'empêcher de le trouver beau. Depuis quelque temps, il a laissé pousser sa barbe, lui donnant un style baroudeur dont je raffole.

Ça et son éternel air de fripouille qui m'avait fait complètement craquer lors de notre première rencontre. Après quinze ans de vie commune, l'amour est toujours aussi fort.

Il m'embrasse avec fougue et glisse sa main dans mes cheveux pour s'imprégner de mon odeur. Aucun mot n'est nécessaire. Depuis le tout début de notre relation, nous lisons dans les pensées l'un de l'autre. J'éprouve toujours la même sensation dès qu'il me prend dans ses bras. Ce sentiment que je suis chez moi, protégée, et que plus rien ne peut m'arriver.

Le repas se passe tranquillement, chacun de nos enfants veut raconter son histoire en premier. Comme toujours, nous sommes obligés de réguler le tour de parole. Ensuite, nous les écoutons patiemment. Ces petites chamailleries font partie de la douceur du quotidien de notre famille.

Hector

5

J'ouvre délicatement les volets de la demeure familiale, celle où mes parents ont vécu tant de moments heureux. Sans surprise, les gonds grincent : les fenêtres n'ont pas vu la lumière du jour depuis de longues années.

Lentement, j'enlève les draps blancs qui recouvrent chacun des meubles. Que de souvenirs me submergent ! J'aère autant que je le peux, afin d'évacuer cette odeur persistante de renfermé. Je ressens le besoin de m'asseoir un instant dans le fauteuil de mon père et de fermer les yeux. Je me laisse envahir par les réminiscences du passé. De prime abord, ce sont les senteurs qui me reviennent, en particulier celle de ce vieux siège en cuir dans lequel s'installait mon paternel chaque soir. Puis, les bruits s'annoncent… Ce feu de cheminée qui crépite tout proche, maman, dans la cuisine, qui prépare le repas avec mon petit frère. J'entends, un peu étouffés, le son de la chaleur de leur discussion et le rire cristallin de ma mère.

Peu à peu, j'ouvre à nouveau les yeux, j'essuie nonchalamment, du revers de ma manche, la larme de nostalgie qui coule sur ma joue.

Quelques minutes sont nécessaires à mon esprit pour revenir au présent. Le constat est sans appel : le temps est passé si vite !

J'ai quitté cette région jeune adulte pour trouver du travail en ville, car ce canton manquait cruellement de perspectives d'emploi. Mes parents avaient vécu dans ce pavillon jusqu'à ce qu'ils ne puissent plus se débrouiller seuls.

Un beau jour, une assistance quotidienne leur fut nécessaire. Malheureusement, habitant à une certaine distance, je ne pouvais pas leur offrir ce soutien. À la disparition de mon jeune frère, quelques années plus tôt dans un accident de voiture, ils durent se résoudre à emménager dans une maison de retraite. Mes parents étaient inséparables. Lorsque mon père décéda en début d'année, ma mère, accablée de chagrin, se laissa mourir à petit feu. Cette période où maman, jour après jour, devenait l'ombre d'elle-même m'avait beaucoup affecté, je me sentais si impuissant. Je fus à la fois immensément triste et presque soulagé quand elle le rejoignit quelques mois plus tard dans le caveau familial.

J'ai naturellement hérité de leur maison. Un peu de temps a été nécessaire pour laisser le deuil faire son cheminement et choisir de revenir ici. Mais, comme rien ne me retenait plus à Blois, j'ai fini par m'y résoudre.

Après avoir fermé les fenêtres, je passe l'aspirateur pour me débarrasser de toute la poussière que je viens de faire voler dans les différentes pièces. Au bout d'une heure à ne pas ménager ma peine, je m'assois dans la cuisine pour boire un petit remontant. Le café était devenu ma drogue pour tenir le coup à l'usine et me permettre d'assurer mon travail en équipe de nuit.

Même si je suis maintenant à la retraite depuis plusieurs années, je n'ai rien perdu de cette mauvaise habitude.

Je réalise alors que je devrais sortir pour aller faire des provisions à un moment ou à un autre.

Ce n'est pas avec toute la caféine que j'ai ingurgitée jusque-là que je vais me nourrir. Si ma mémoire ne me joue pas des tours, le village disposait naguère d'une épicerie, à quelques minutes à pied de la maison.

Je devrais commencer par aller voir si elle existe toujours. À défaut, je serais dans l'obligation de prendre ma voiture pour me rendre dans le supermarché le plus proche et cette idée ne m'enchante guère.

J'enfile mon pardessus, et je sors. Un coup de vent et le froid qu'il apporte me poussent à boutonner mon col. Lentement, mais sûrement, l'automne commence à s'installer. Malgré le temps passé loin de ce village, je retrouve sans peine les rues qui me conduisent jusqu'au magasin. Souvent, lorsque j'étais petit, ma mère m'envoyait y faire une commission. J'étais si fier de la confiance qu'elle m'accordait. Je le vivais comme une véritable aventure. Aujourd'hui, ce souvenir me fait sourire. Rien n'est jamais pareil avec des yeux d'enfant.

Perdu dans mes pensées, je ne me rends pas compte que je suis déjà arrivé. Soulagé, je constate que l'épicerie est toujours là. La porte franchie, un jeune homme d'une trentaine d'années m'accueille. Son visage ne m'est pas inconnu, mais ma mémoire connaît quelques faiblesses. Alors qu'il s'adresse à moi avec un immense sourire, je réalise soudain qu'il est certainement le petit-fils des épiciers qui tenaient la boutique lorsque j'étais petit, l'air de famille est indéniable.

Je réponds d'un signe de tête à son bonjour, les relations humaines et les discussions n'ont jamais été mon fort. Je n'ai rien contre, mais je n'ai jamais été très doué.

Je fais un tour dans le magasin, mon panier se remplit à chaque nouvelle allée. Comme dans mon souvenir, il est parfaitement approvisionné. C'est une bonne nouvelle, je n'aurai pas besoin d'aller plus loin pour me ravitailler.

Alors que je passe en caisse, le jeune homme m'interpelle :

– Bonsoir, Monsieur, je ne crois pas que nous nous soyons déjà vus ?

Je réponds alors en bougonnant :

— Non, effectivement.

Devant ma mine renfrognée, il n'insiste pas. Ce n'est visiblement pas dans ses habitudes de brusquer ses clients.

— Il ne me reste plus qu'à vous souhaiter une bonne fin de journée, me dit-il en me tendant mon sac de courses.

— Oui, merci.

Je reprends le chemin de la maison. Je me sens, tout à la fois, triste et nostalgique. Ce retour aux sources ravive tellement de souvenirs. Certains heureux, d'autres beaucoup moins. C'est ainsi. J'ai appris à vivre avec. Je referme la porte derrière moi. Au moins ici, je sais pouvoir trouver l'apaisement.

Après un bref repas, je monte me coucher. Je n'ai pas encore eu le courage de débarrasser la chambre de mes parents. Par conséquent, je me contente pour le moment de celle que j'occupais enfant.

Louise

6

Après le déjeuner, je me prépare à rendre visite à Odette. Notre première rencontre s'est révélée aussi amusante qu'impressionnante. Difficile de prédire qu'elle sera aujourd'hui la teneur de ce nouveau rendez-vous, d'autant plus qu'il aura lieu chez elle, entouré de ses amies. J'imagine que sa maison reflète sa personnalité, chaleureuse, mais étonnante.

Effectivement, elle s'avère charmante. La véranda est emplie de jardinières où fleurissent des plantes aux couleurs chatoyantes. Au centre de la pièce trône un confortable fauteuil qui accueille certainement Odette lors de ses heures de lecture. Une petite table, ornée de mosaïques blanches et bleues, croule sous une pile de livres et complète cet ensemble harmonieux.

Alors que j'atteins la porte d'entrée, j'entends des rires qui fusent à l'intérieur. Je sonne et patiente. Déjà, Odette, d'une voix tonitruante, approche à grands pas en criant :

– J'arrive !

Quelques secondes plus tard, elle m'ouvre.

– Ah Louise, parfait ! On n'attendait plus que toi ! Entre et laisse-moi faire les présentations.

Elle se tourne alors vers la première personne assise sur la droite. Vêtue d'un tailleur classique un peu démodé, elle arbore un chignon impeccable dont aucune mèche ne dépasse, retenu de chaque côté par un peigne en écaille. Autour de son cou, un superbe collier de perles complète cette panoplie.

– Voici Antoinette et son caniche Lady, sans laquelle elle ne sort jamais.

Je baisse les yeux et j'aperçois une chienne au pelage rose pâle. Tiens, je ne savais pas que les salons de toilettage réalisaient encore ce type de coloration. Je me fais la réflexion que cette dernière est aussi apprêtée que sa maîtresse.

Ne dit-on pas tel chien tel maître ?

Je m'adresse à elle avec beaucoup de respect, car je sens bien que telle est son attente :

– Bonjour, Madame.

– Bonjour à vous, me répond Antoinette.

Odette poursuit le tour de table.

– Ces deux-là, Marie et Guillaume, sont tout aussi inséparables, c'est grâce à lui que nous nous amusions autant.

Je l'interroge, perplexe :

– Vous ne m'aviez pas dit que seules vos copines seraient présentes ?

– Mais Guillaume est l'une de mes copines. Je serais même tentée de dire qu'il est la pire commère du groupe. N'est-ce pas, Guillaume ?

– Comment décliner un tel compliment ? C'est exact que je ne loupe jamais un potin et qu'en plus, j'éprouve toujours la plus vive délectation à le partager ! répond-il dans un éclat de rire.

– Je confirme, insiste Marie, il est champion toutes catégories !

Je comprends immédiatement ce qui les rapproche de notre hôtesse.

Je jette un œil à leur table de jeu et demande :

– Je serais curieuse de savoir quel jeu vous amusait autant.

Odette en profite pour lancer :

– Prends donc une chaise, tu vas faire une partie avec nous. Guillaume, tu lui expliques ?

– Bien sûr. Je suis sûr que tu connais certainement le jeu des sept familles ?

J'acquiesce d'un signe de tête.

– Dans ce jeu, l'objectif est de reconstituer le plus vite possible ta famille de vaches qui compte neuf cartes. La spécificité est que toutes les demandes se font en même temps. Tu ne peux échanger que des cartes de la même famille. Et pour cela, tu dois dire combien tu en veux.

Devant mon air dubitatif, Guillaume ajoute en désignant son paquet de cartes :

– Regarde, je te montre. Tu veux toutes les vaches Gorgonzola parce que tu en as déjà trois. Tu vas donc essayer de récupérer toutes les autres. Comme tu as deux vaches identiques qui ne t'intéressent pas, tu vas les faire passer à un autre joueur. Comme tu en as deux, tu dis « deux ». Et tu peux alors faire l'échange avec quelqu'un qui en propose aussi deux, et renouveler l'action jusqu'à ce qu'un joueur ait complété sa famille. Il appuie alors sur la sonnette pour mettre fin à la manche. Les points marqués sont ceux inscrits sur la carte. Le gagnant est le premier à arriver à cinq cents points.

– Je crois que j'ai compris, lui dis-je, même si en réalité, je ne suis pas persuadée d'avoir tout saisi.

– Parfait, alors c'est reparti !

Marie reprend le paquet de cartes, les mélange et les distribue à chacun. Je me prends vite au jeu. J'approuve, c'est effectivement très drôle. D'où la cacophonie et les fous rires qui m'ont accueillie à mon arrivée tout à l'heure.

À la fin de la partie, affichant un grand sourire, Odette déclare :

– Alors tu as vu, joyeux bazar garanti ! Guillaume et Marie ont le chic pour toujours nous dégoter des jeux hilarants. Ça change de la belote, petite, et ça nous aide à ne pas devenir zinzin. Quoi qu'il faille le dire vite !

Jetant un regard vers le panier à mes pieds, Odette se souvient de la raison première de ma visite :

– Alors que m'as-tu apporté de beau, c'est suffisamment osé j'espère ?

Un peu gênée, je marque un temps d'arrêt.

– Oh, ne te formalise pas pour mes amis. À nos âges, plus de tabous ! Et puis, on se connaît depuis tant d'années que l'on n'a plus de secrets les uns pour les autres.

Je sors alors les romans et dis :

– Je suppose que vous avez déjà entendu parler de la collection *Harlequin* ?

– Cela va de soi.

– Jane Austen aussi ?

– Évidemment. D'ailleurs, mon préféré est *Persuasion*, mais tout ceci est bien chaste !

Je poursuis en lui souriant :

– Oui, j'avais bien appréhendé ce détail important, d'où mon choix. Je vous présente *Les Chroniques de Bridgerton* : elles racontent l'histoire d'une famille anglaise de l'aristocratie au début du 19ᵉ siècle. Je pense que cette saga vous plaira. Voici les quatre premiers. Si les aventures de Daphné et Simon vous séduisent, je dispose des quatre tomes suivants.

Odette lit le résumé :

– Un choix judicieux, cela devrait me convenir. Je te le dirai très vite. Assez bavardé, passons au goûter, j'ai une faim d'ogresse, moi !

Quelques minutes plus tard, Marie et Antoinette rapportent de la cuisine de magnifiques pâtisseries. Je fais honneur à leurs douceurs.

Totalement repue, je manquerai sans doute d'appétit ce soir, néanmoins j'aurai de nombreuses choses à raconter !

Une heure s'est écoulée, je repars avec les demandes des trois autres invités et un rendez-vous pour la semaine suivante. Je garde en tête de réserver une plage horaire suffisamment large pour les prochaines séances. Si cela se passe toujours dans cette ambiance, je prendrai un immense plaisir à rendre visite à Odette et sa bande de copines.

Hector

7

« La nostalgie ; la fiancée des bons souvenirs qu'on
éclaire à la bougie. »
Grand Corps Malade, *Rencontre*

La nuit s'est avérée agréable, même si je n'ai plus l'habitude de dormir dans un tel silence. En effet, lorsque je vivais à Blois, mon appartement se trouvait dans un quartier populaire. Dès le matin, je pouvais entendre les gens partir travailler et leurs enfants se diriger vers l'école. Je prends quelques minutes pour émerger et me lever. Arrivé dans la cuisine, je prépare un café bien serré, j'en ai bien besoin. Je m'adosse contre l'évier pour le boire peu à peu.

Ma tasse terminée, je me rends au salon. La prochaine étape m'attend : déballer les quelques cartons rapportés de mon ancien chez moi. Cette tâche devrait être rapide : je ne suis pas du genre à entasser les affaires et la taille de mon logement était déjà en elle-même un frein au stockage. Le seul objet précieux dont je dispose tient en cette vieille cafetière qui me suit depuis tant d'années. Bien sûr, elle n'a aucune valeur, du moins financière. En revanche, je ne cache pas qu'elle en revêt une, tout à fait sentimentale. Ma mission menée à bien, j'ouvre la porte d'entrée et je m'assois au bord de la terrasse.

Plus jeune, c'est là que je m'installais pour regarder ma mère, pendant de longues minutes, s'affairer dans le jardin.
C'était son univers. Elle parlait aux plantes, les arrosait, les taillait. En un mot, elle en prenait soin.

Aussi loin que je m'en souvienne, à chaque fois qu'elle jardinait, je pouvais lire sur son visage une indicible joie. Elle allait même parfois jusqu'à chanter. Quand, amusé, je lui en faisais la remarque, elle s'offusquait en me répondant que les fleurs aussi aimaient la musique et que, par conséquent, elle ne voyait pas l'intérêt de les en priver. J'avais indéniablement hérité d'elle son goût des plantations, même si cela faisait des années que je ne m'y étais pas adonné.

Revoir les massifs de fleurs de ma mère me donne l'envie de remettre les mains dans la terre. Je me rassure en me disant que le jardinage, c'est comme le vélo, cela ne doit pas s'oublier. Cependant, comme les parterres sont envahis par les mauvaises herbes, je risque de peiner à tout remettre d'aplomb. Peu importe, de toute façon désormais, j'ai tout mon temps. Je laisse alors mon imagination s'emballer, pour me remémorer le jardin d'antan. Cette vision m'emplit de sérénité. Ici, nul besoin de parler à qui que ce soit. Avant l'hiver, je pourrai déjà tout nettoyer. Je planterai ensuite de nouvelles boutures, dès le printemps, au retour des beaux jours.

Sur ces belles considérations, je me lève et je retourne à l'intérieur. Toutes ces réflexions m'ont mis en appétit. Je me prépare donc un plateau-repas que je déguste assis dans le fauteuil de mon père devant la télévision. Peu à peu, le feuilleton de l'après-midi a raison de moi et je m'assoupis. À mon réveil, quelques heures plus tard, le soleil est sur le point de se coucher.

Je mets un moment à retrouver mes esprits, étourdi par cette sieste improvisée. À soixante-douze ans, je sombre maintenant régulièrement. Je risque juste d'avoir du mal à m'endormir ce soir.

Le lendemain matin, je me rappelle que je dois ranger mes cartons vides dans le grenier. Je pourrais en avoir besoin si je décide de faire du tri dans les affaires de mes parents. Je trouve facilement l'échelle escamotable que mon père utilisait pour y accéder. Au moment de pousser la trappe, elle grince. Il y a bien longtemps que personne n'est monté là-haut. Tant bien que mal, j'arrive à me hisser et j'atterris bientôt la tête dans les toiles d'araignées. J'aurais dû apporter un plumeau. Cela m'aurait sans doute évité de me retrouver avec une perruque d'un goût bien douteux sur le sommet du crâne.

La douce lumière qui filtre par la lucarne me permet de voir correctement l'intérieur du grenier. Dans un coin, des jeux d'enfants, des peluches tout abîmées, des livres de contes forment des tas çà et là. Un objet en particulier attire mon attention. C'est un vieil avion en métal blanc avec des ronds rouges sur les ailes. Je m'assois délicatement sur le sol et le saisis. Je reconnais sur-le-champ le jouet préféré de mon frère Gustave. Petit, il l'emmenait absolument partout. Il se prenait pour un pilote de chasse en pleine guerre du Pacifique. Il vouait une passion sans borne aux kamikazes japonais. Quel bonheur de le voir courir avec sa machine volante dans la maison et le jardin, alors qu'il livrait une nouvelle bataille du ciel ! Je me souviens aussi de ses protestations au moment où notre mère l'appelait pour dîner.

À chaque fois, il lui reprochait de ne pas comprendre l'impératif d'attendre l'issue du combat pour qu'il puisse rejoindre la table. Pourtant, malgré ses objections, il arrivait invariablement moins de cinq minutes plus tard.

En levant les yeux, j'aperçois, tout à coup, une couverture rouge, dans le fond du grenier.

En m'approchant, je me rends compte que c'est un ancien pied de sapin, ceux dont on se sert pour éviter d'être envahi d'épines. Doucement, je fais glisser le tissu afin de ne pas répandre de poussière aux alentours et remarque alors la malle que le tapis dissimulait. Dans un frisson, je réalise que c'est celle de mon père. Avec autant de retenue que de délicatesse, je l'ouvre. Des cahiers d'écolier apparaissent. Je les feuillette et découvre les leçons d'antan où les cartes de géographie étaient complétées à la main, les poésies illustrées avec beaucoup de soin, les dessins de sciences d'une grande précision. Puis vient la trousse en fer forgé de mon père. Je soulève le couvercle et hume l'air avec délectation.

L'odeur de l'encre, encore présente sur les plumes, reste l'une de mes préférées. Je continuerais bien mon exploration, mais je constate que le ciel s'assombrit. La luminosité baisse vite dans le grenier et comme je n'ai pas la force de descendre la malle, je décide de remettre mon investigation.

Une fois en bas de l'échelle, je réalise que mes cartons vides sont demeurés à ses pieds. Je les dépose rapidement à l'entrée des combles. Je leur trouverai une meilleure place ultérieurement.

Odette

8

« Le véritable voyage, ce n'est pas de parcourir le désert ou de franchir de grandes distances sous-marines, c'est de parvenir en un point exceptionnel où la saveur de l'instant baigne tous les contours de la vie intérieure. »
Antoine de Saint-Exupéry, *Le Petit Prince*

Je m'apprête à entamer la lecture d'un des ouvrages que Louise m'a vendus. Pour cela, j'adopte un rituel bien particulier. Tout d'abord, je fais bouillir de l'eau pour mon thé. À cette période de l'année, ce que je préfère c'est le thym citron. J'apprécie cette douce odeur qui me rappelle le sud de la France où j'ai vécu quelque temps. Pendant qu'il infuse, je choisis, avec délice, la musique qui m'accompagnera. Je dispose d'une fabuleuse collection, très éclectique, constituée avec soin tout au long de ma vie. Ainsi, comme ce livre se déroule au début du dix-neuvième siècle, je sélectionne un classique de cette époque. Sans paroles, bien entendu.

À défaut, j'avoue que je peine à me concentrer. À mon âge, le temps ne s'étire pas de la même façon. Raison pour laquelle je prends un bonheur certain à profiter de chaque instant.

D'un regard circulaire, je vérifie que tout est prêt. Parfait ! Je peux maintenant m'installer dans mon fauteuil, sous la véranda, face au jardin. Une fois assise, je place un plaid en laine sur mes jambes.

La douce chaleur qu'il me confère m'aide toujours à rentrer paisiblement dans ma lecture.

J'ouvre le livre en douceur. Depuis l'enfance, cet objet revêt pour moi un caractère sacré que je me dois de respecter. Dès les premières pages, je retrouve l'atmosphère particulière qui me rappelle les romans de Jane Austen ou des sœurs Brontë, si chères à mon cœur. Les grandes familles aristocratiques, les mariages arrangés, les bals et les dîners sans fin pendant la saison mondaine… D'ailleurs, très vite, cette Daphné Bridgerton me fait penser à Emma ou à Élisabeth, deux des héroïnes austeniennes. Elle se révèle malicieuse et dotée d'un sacré caractère bien qu'en apparence soumise. J'apprécie particulièrement cette vision, cette idée que la femme est l'égale de l'homme, cette moitié essentielle comme le rappelait Platon dans son *Banquet*.

Louise a visé juste avec ce roman. Au fil des pages, je me laisse envahir par l'ambiance de toutes ces fêtes grandioses. Un instant, je pose l'ouvrage sur mes genoux et je ferme les yeux. Je m'imagine plus jeune, oui vraiment plus jeune dans une de ces superbes tenues. Je me vois faire des révérences avec une grâce incroyable, saluant un à un les invités de marque. La musique, en fond sonore, m'aide à me fondre dans le décor, elle m'hypnotise. Sur mon visage, le souffle de l'air me chatouille alors que je virevolte sur la piste de danse au bras d'un débutant au sourire ravageur. Quel délice !

Rapidement, mon esprit vagabonde vers de nouvelles contrées et je me retrouve dans un camp de Bédouins. Mes joues savourent la douce chaleur des rayons du soleil couchant qui déjà disparaît derrière cette dune, droit devant moi.

Une main vient frôler mon épaule dans un geste d'une grande délicatesse. Je sais que c'est lui, nul autre n'a cette manière de me toucher.

Lentement, je tourne la tête pour découvrir celui dont je suis tombée éperdument amoureuse, en quelques secondes, bien des années auparavant. Pourtant, très vite, une nouvelle sensation prend le dessus, beaucoup plus éprouvante. Mon cœur se serre, comme dans un étau. Je connais bien cette douleur lancinante. Au fil du temps, j'ai appris à l'apprivoiser. Je décide d'ouvrir de nouveau les yeux et je laisse la pression, peu à peu, redescendre. Hormis Antoinette, mon amie d'enfance, nul n'est au fait de cette partie de ma vie, et c'est très bien ainsi.

Antoinette

9

Je n'avais pas toujours été aussi collet monté. Oh non, loin de là. Jeune fille, je représentais même la joie incarnée. Toute petite, je pouvais passer des heures à me promener dans la forêt à côté de chez moi, me racontant des histoires plus extraordinaires les unes que les autres. Souvent, je discutais avec mon amie imaginaire, la princesse Cassandra et je lui parlais de mon quotidien dans les moindres détails. Quand je rejoignais mes parents, je leur narrais les aventures fantastiques que j'avais vécues.

Ma rencontre avec Dragonus, le roi des champignons et Philémon, le prince des lutins. La fête de la forêt qu'ils avaient organisée pour me rendre hommage, car ils me considéraient comme une enchanteresse extraordinaire. Je leur parlais également de tous ces lampions multicolores qui illuminaient la clairière, de tous les animaux des bois alentour qui venaient assister à cet événement.

Plongée dans mon récit, je ne pouvais m'empêcher de sautiller partout dans le salon, de fredonner les airs enivrants qui m'avaient tellement enthousiasmée. Mes parents me regardaient alors avec beaucoup de bienveillance, car, malgré ma fantaisie, je sais qu'ils trouvaient mon innocence rafraîchissante. Comme j'étais enfant unique, ils comprenaient que je puisse avoir besoin de compagnons même si ceux-ci n'étaient qu'imaginaires.

À six ans, j'avais commencé à fréquenter l'école du village de Saint-Georges composée d'une classe unique. J'avais adoré entrer dans ce monde de connaissances qui s'ouvrait à moi et à mon insatiable curiosité. J'étais heureuse d'être entourée d'élèves d'âges différents, cela donnait une diversité très agréable, comme dans une fratrie, ce que je ne pouvais retrouver à la maison.

Rapidement, je me liai d'amitié avec Odette, d'une année ma cadette, mais qui suivait le même niveau que le mien. Elle adorait m'entendre raconter mes histoires extraordinaires. Ainsi, nous pouvions passer des heures toutes les deux, indifféremment chez l'une ou chez l'autre, à nous construire des décors fabuleux pour nos aventures. Un château, une cabane, une grotte… aucune limite n'enfermait notre imagination.

Nos parents respectifs s'amusaient de notre incroyable connivence. Nous étions devenues tellement indissociables qu'ils nous avaient surnommées « les crapulettes ». En raison de notre regard de chipie dès que nous partions dans l'une de nos pérégrinations ainsi que de la similitude de nos prénoms.

Les années passèrent paisiblement. Lors de notre dernière année d'école primaire, un jeune garçon avait rejoint nos rangs.

Timide et réservé, il ne parlait jamais à personne. Le maître nous expliqua qu'il venait d'un établissement proche et que ce changement était un peu éprouvant pour lui. Aussi curieuses l'une que l'autre, nous cherchions le moindre indice pour en apprendre plus sur le nouveau.

En classe, celui-ci peinait. On sentait que la lecture se révélait être pour lui une véritable souffrance, car il déchiffrait chaque mot avec une lenteur exagérée.

De plus, les regards de nos camarades ne l'encourageaient guère. Certains pensaient qu'il leur faisait perdre un temps précieux et ne se gênaient pas pour lui dire dès que le maître devenait hors de portée de leurs voix. Les enfants se révèlent malheureusement souvent cruels devant la différence.

Heureusement, certains élèves apparaissaient davantage altruistes, et nous en faisions partie. Devant ses difficultés, nous décidâmes de lui venir en aide. Cependant, au regard de sa timidité, nous devions l'apprivoiser et cet aspect ne serait guère facile. Tout d'abord, nous devions mettre sur pied un plan d'attaque. Nous prenions très au sérieux l'objectif que nous nous étions fixés. Nous profitâmes d'un jeudi après-midi chômé pour l'échafauder.

Nous devions trouver une manière de l'approcher sans le faire fuir. Une idée me vint alors. Plusieurs fois, j'avais aperçu le nouveau se rendre sur la prairie qui jouxtait la cour de l'école. Il y déjeunait, seul.

À la fin de son repas, il restait là-haut et observait les fleurs qui y poussaient.

Je soumis donc une proposition à Odette :

– J'ai bien observé le nouveau, il semble aimer les fleurs.

– Les fleurs ? Quelle drôle d'idée ! rétorqua-t-elle.

– Je ne sais pas, c'est bizarre, on dirait que ça le rend heureux. Tu sais, à chaque fois, quand il revient, il arbore ce sourire idiot sur le visage. Comme les adultes.

– Ah, tu veux dire quand ils sont « amoureux ». Je vois bien de quel sourire tu parles. Ils ont l'air complètement stupides dans ces cas-là. Et, donc, en quoi consiste ton plan ?

Visiblement, Odette ne comprenait vraiment pas où je souhaitais en venir.

– On pourrait… on pourrait lui demander pourquoi il les apprécie autant ? déclarai-je sans véritable conviction.

– Super, et s'il nous répond simplement « parce qu'elles sont belles », on ne sera pas plus avancées.

– T'es drôle, toi ! Propose quelque chose au lieu de râler.

Devant mon air renfrogné, je la vis se triturer les méninges pour envisager une autre solution. Elle laissa alors son regard dévier vers son jardin. Tout à coup, il s'illumina.

– Ça y est, j'ai trouvé.

Elle le dit avec un tel enthousiasme que je sursautai.

– Explique-moi, lui demandai-je alors.

– L'idée est simple, mais elle va nous prendre un peu de temps.

– Tu vas faire durer le suspense encore longtemps là ? m'agaçai-je.

– Je ne sais pas, me répondit-elle d'un air de crapule.

– Rrrrrrh !

– D'accord. Donc, écoute bien. Comme il aime visiblement les fleurs, on pourrait constituer chacune un herbier avec celles de nos jardins. Une fois qu'ils seront en bonne voie, on pourrait aller le voir et les lui montrer. Cela lui donnera sûrement envie de nous parler. Alors, qu'en penses-tu ?

– Fabuleuse ton idée, on commence quand ?

– Tout de suite, évidemment !

Nous avions donc passé, inlassablement, les semaines suivantes à récolter les plus beaux spécimens. Après les avoir fait sécher dans du papier journal, nous les avions disposés dans de petits cahiers. Ce qui nous avait pris le plus de temps avait été de retrouver le nom de chaque fleur.

Heureusement, nous avions découvert avec plaisir, dans la bibliothèque des parents d'Odette, une encyclopédie de la flore de notre région. Ainsi, nous avions pu les étiqueter une à une.

Désormais, la première partie de notre plan était terminée. Il ne nous restait plus qu'à mettre la suite à exécution.

Antoinette

10

> « Apprivoise-moi ! »
> Antoine de Saint Exupéry, *Le Petit Prince*

Avait alors commencé « l'opération apprivoisement » comme nous l'avions nommée. En effet, quelques semaines auparavant, le maître nous avait fait découvrir *Le Petit Prince* d'Antoine de Saint Exupéry et ce passage nous avait marqués :

« *Apprivoise-moi !*
Que faut-il faire ? dit le Petit Prince.
Il faut être très patient, répondit le renard. Tu t'assoiras d'abord un peu loin de moi, comme ça, dans l'herbe. Je te regarderai du coin de l'œil et tu ne diras rien. Le langage est source de malentendus. »

Nul doute, nous avions compris la morale de cette histoire. Chaque jour, après le repas, nous venions nous asseoir sur la pelouse, à distance du jeune garçon, mais pas trop loin. Nous sortions systématiquement nos herbiers et nous nous extasions sur les dernières fleurs que nous avions collectées. Toutes les semaines, nous nous arrangions pour avoir des spécimens inédits. Peu à peu, le nouveau s'approchait.

Nous l'avions affublé de ce surnom, car nous ne connaissions pas son prénom, le maître l'appelant toujours monsieur Duval. Il semblait porter beaucoup d'intérêt à ce que nous nous disions. *A priori*, Odette avait vu juste.

Un jour, il osa enfin nous adresser la parole :

– Cela a l'air drôlement joli, s'enquit-il en désignant mon herbier.

– Merci, nous l'avons fait avec les fleurs de nos jardins, tu veux regarder de plus près ? proposai-je, contente d'avoir éveillé son intérêt.

– Je veux bien.

Je le lui tendis, accompagné d'un grand sourire. Après quelques minutes, alors qu'il avait examiné chaque page avec soin, passant toujours de l'une à l'autre avec beaucoup de délicatesse, il releva la tête.

– C'est vraiment chouette ! Vous avez dû mettre drôlement de temps pour les faire.

– Oui, mais cela en valait la peine, enchaîna Odette en me faisant un clin d'œil. Ça te tente de continuer avec nous ? Tu sembles beaucoup aimer les fleurs, toi aussi.

– Tu as raison, je les adore. Merci pour ta suggestion, j'en serais ravi.

– Nous nous en occupons le jeudi, une fois chez moi, une fois chez Antoinette. Cette semaine, c'est à la maison. Tu viendras ?

– Je demande à mes parents et je te redis ça demain. En tout cas, merci pour ta proposition.

Nous nous relevâmes alors tous les trois et nous nous dirigeâmes vers la porte de la classe. Le maître sonnait la cloche du début des cours de l'après-midi. Et c'est ainsi que, par la suite, chaque jeudi, nous nous retrouvâmes ensemble pour mener à bien notre projet.

Au bout de quelques semaines, nous sentîmes qu'une certaine complicité commençait à naître entre nous. D'un commun accord, Odette et moi décidâmes alors de lancer la dernière phase de notre mission : l'aider à améliorer sa lecture. Pour ne pas le brusquer, nous lui proposâmes d'ajouter à notre activité du jeudi les devoirs demandés par le maître. Sans en avoir l'air, nous l'encourageâmes à se perfectionner.

Notre bienveillance n'eut pas du tout l'effet escompté. Nous le vîmes se refermer comme une huître, ce sujet semblait être pour lui une véritable souffrance. Ne voulant pas le rebuter, nous laissâmes passer quelque temps avant de réessayer d'aborder la question. Cela fut peine perdue. À l'instar de notre première tentative, il se braqua directement, se leva et rentra immédiatement chez lui, sans un mot ni un regard en arrière dans notre direction. Nous avions bien senti sa détresse, mais nous étions encore très jeunes, nous ne savions pas comment la soulager.

Pourtant, nous en avions discuté longuement avec Odette ce jour-là, car sa réaction si vive nous avait peinées.

Par conséquent, après nos deux essais dont l'issue avait été si peu prometteuse, nous avions préféré abandonner. En aucun cas, nous ne voulions le mettre mal à l'aise, d'autant que nous appréciions toutes deux le temps passé avec lui.

L'année se termina sereinement. Notre camarade réussit son certificat d'études, nous fûmes, Odette et moi, acceptées au petit lycée. Chacun était heureux de cette nouvelle vie qui allait commencer. Cependant, nous ne la vivrions pas ensemble. Odette était fille de militaire et son père était muté pour une longue durée dans le sud de la France. Notre séparation fut éprouvante, mais nous nous promîmes de nous retrouver dès que cela serait possible et de ne jamais perdre contact.

Nous n'aurions jamais pensé, à ce moment précis, que cela prendrait tant d'années. Le jeune homme partit en apprentissage à la rentrée suivante et s'éloigna de notre village pour trouver du travail auprès d'un maître.

Désormais, j'étais bien seule. Mes amis me manquaient terriblement. Comme j'avais toujours été un peu étrange, et qu'Odette n'était plus à mes côtés pour me faire paraître sympathique, j'échouai à m'en faire de nouveaux. Alors que j'étais si enjouée auparavant, je devins triste et taciturne au fil des années. Je choisis de travailler comme comptable dans une petite entreprise. J'étais professionnelle et consciencieuse, cela suffisait amplement à mon employeur qui me laissait tranquille. Depuis ce jour, j'avais vécu seule, uniquement accompagnée de ma chienne Lady depuis une dizaine d'années. Il y avait bien d'autres raisons à ma mélancolie, mais je ne voulais pas en parler.

Ma vie s'était grandement améliorée lorsqu'Odette était revenue, à la retraite, dans notre petit village. Malgré les nombreuses années d'éloignement, nous avions réussi à nous donner régulièrement des nouvelles et nous nous retrouvâmes avec un bonheur non dissimulé.

Le temps et la distance n'avaient en rien altéré notre amitié.

Hector

11

« Chaque jour de ta vie est un feuillet de ton
histoire que tu écris »
Proverbe arabe

Ce matin, alors que je m'apprête à retourner explorer le grenier, un souvenir, pourtant enfoui profondément, refait soudainement surface. Cette fulgurance est sûrement due à la découverte, hier, dans la malle des cahiers de mon père. Je me revois, âgé d'une dizaine d'années, riant avec deux fillettes, rencontrées à l'école du village, qui m'avaient offert leur amitié. Ensemble, nous partagions le même goût des plantes et nous avions constitué un herbier particulièrement réussi. De fil en aiguille, tous les trois, nous avions passé nos jeudis à jouer et à faire nos devoirs. Cependant, au moment où elles avaient entrepris de m'aider dans mon apprentissage de la lecture, une première fois puis une seconde, je m'étais complètement braqué. Je me rappelle parfaitement la morsure que cette sensation d'impuissance avait fait naître dans mon cœur.

À la suite de leur deuxième tentative, sur le chemin du retour, je fulminais. Non pas contre mes deux amies, mais contre moi-même, car je n'avais jamais réussi à lire correctement.

Plus les années passaient, plus cette difficulté me semblait insurmontable. Pourtant, à la maison, cette activité était synonyme de plaisir. Ainsi, depuis tout petit, mon père me faisait la lecture chaque soir. Il s'installait dans son gros fauteuil en cuir si confortable et je savais que le précieux moment était venu. Je lui apportais le livre que j'avais choisi et posais ma tête sur ses genoux. Commençaient alors les formidables aventures de pirates, de naufragés, d'explorateurs. Je n'avais qu'à fermer les yeux pour avoir devant moi les images que mon imagination dessinait. C'était un moment merveilleux de douceur, de partage. Les froides soirées d'hiver étaient de loin mes préférées. Comme mon père travaillait en extérieur, il rentrait à cette période dès que le soleil se couchait.

Ainsi, le temps dévolu à ce rituel s'en trouvait largement augmenté.

Quoi qu'il en soit et malgré leur gentillesse, je ne me sentais pas capable d'expliquer tout cela à mes camarades. Ce mal-être était bien trop personnel, et je ne savais pas du tout comment elles réagiraient. Dans le doute, je préférais donc m'abstenir. En réalité, je n'avais jamais vraiment compris pourquoi je n'y arrivais pas. Là où les autres élèves déchiffraient sans peine les lettres inscrites sur leur livre, les miennes semblaient vouloir s'échapper de la page.

Les syllabes se mélangeaient et ce que je croyais réussir à lire ressemblait à un charabia sans nom. Très vite, les professeurs avaient arrêté de s'intéresser à moi en pensant que je n'étais qu'un cancre qui ne faisait aucun effort pour progresser. J'en avais gardé une rancœur tenace ainsi qu'une véritable souffrance. Le manque de confiance en moi qui en découla fit de moi un enfant à part, une personne à ne pas fréquenter.

À la maison, je faisais tout pour cacher cette faiblesse à mon père. Je n'aurais pas supporté qu'il me prenne pour un moins que rien d'autant que savoir lire était pour lui un incroyable trésor. Alors je continuais, avec un enthousiasme sans faille, à réclamer que ce soit lui qui raconte. Parfois, il me demandait de l'accompagner, mais je trouvais toujours un prétexte qui le faisait flancher.

J'étais trop fatigué, j'avais beaucoup lu à voix haute à l'école dans la journée, je voulais me laisser bercer par ces mots qu'il prononçait si bien…

Et puis, il était inutile d'expliquer ma réaction excessive à mes amies. En effet, c'était ma dernière année. J'avais déjà du retard dans mon parcours, mais mon ambition était de passer mon certificat d'études primaires pour pouvoir rentrer en apprentissage le plus vite possible.

Mon calvaire cesserait donc de lui-même rapidement.

Louise

12

« Le Loup lui cria en adoucissant un peu sa voix :
tire la chevillette, la bobinette cherra. Le Petit
Chaperon rouge tira la chevillette, et la porte
s'ouvrit. »
Charles Perrault, *Le Petit Chaperon rouge*

Au bout de quelques semaines, je commence à m'installer dans une agréable routine. Aux jours de marché sont venues s'ajouter d'autres sollicitations.

Un soir, Julie, l'ancienne nourrice de Constance et de Léo, me contacte. Elle a entendu parler de ma librairie ambulante et souhaiterait avoir plus d'informations.

– Bonsoir Louise.

– Ah, Julie ! Ton appel me fait plaisir. Comment vas-tu ?

Après quelques minutes à échanger des nouvelles de nos familles respectives, elle aborde le sujet qui l'intéresse :

– J'appartiens à un regroupement d'assistantes maternelles, tu t'en souviens sûrement ?

J'acquiesce d'un murmure.

– Tous les vendredis, nous nous réunissons avec les enfants que nous gardons dans la salle des fêtes de Beaulieu. Crois-tu que tu pourrais venir pour nous proposer des livres ?

– Bien entendu.

– J'en parle à mes copines et je te tiens au courant pour la mise en place.

– C'est gentil, merci, j'attends donc de tes nouvelles.

Quelques jours plus tard, Julie me convie à une soirée chez elle où sont présents les membres du bureau de l'association. L'accueil est très chaleureux.

– Bienvenue Louise, je te présente Agathe, notre présidente, Corinne, la vice-présidente et Noélie, la trésorière. Voilà notre équipe de choc au grand complet.

En effet, elles me semblent très sympathiques et dynamiques. Je les salue toutes les trois en leur adressant mon plus beau sourire : faire une bonne première impression est primordial.

Agathe m'interroge la première :

– Est-ce que tu as eu le temps de réfléchir à ton intervention ?

– Oui, je me disais que je pourrais vous proposer des sélections par thème. Je te donne un exemple : la première idée qui m'est venue est celle du loup. C'est un personnage que les enfants adorent détester. Je dispose d'un certain nombre d'albums de jeunesse sur ce sujet et, parmi eux, quelques pépites, dont je raffole. Je pourrais leur en lire une, effet maximum garanti et là, c'est l'ancienne instit' qui parle !

– Génial, affirment en chœur les autres convives.

Rendez-vous est donc pris pour le vendredi suivant.

Lorsque je me gare sur le parking, je constate que mon arrivée est attendue et remarquée. Les enfants, accompagnés de leurs assistantes maternelles, me regardent avec intérêt, le nez collé et les mains appuyées sur le vitrage de l'immense baie de la salle des fêtes.

Au regard de toutes les petites traces qu'ils y ont laissées, je plains la personne qui s'occupera du nettoyage ! Je suis toujours aussi ravie de l'effet provoqué par les peintures de mon libriobus, mais j'avoue être impressionnée par cet accueil. Pourvu que je sois à la hauteur…

Je descends avec un chariot de course de toutes les couleurs dans lequel j'ai placé toutes mes trouvailles. Dès mon entrée dans la salle, je suis assaillie par les bambins, du moins ceux qui peuvent marcher.

– C'est quoi ça ? m'interpelle un petit blond avec un épi sur la tête en désignant mon cabas.

– C'est là que je cache mes trésors !

– Oooooh, font les autres enfants qui se sont approchés.

– Tu nous montres ? continue-t-il.

Visiblement, ce petit gars n'a pas sa langue dans sa poche.

– D'accord, mais d'abord, il faut que je retourne chercher quelque chose dans le camion.

Je ressors et je reviens avec un énorme sac rempli de coussins de sol que je dispose en demi-cercle. Puis j'ajoute une chaise au centre, mais un peu en retrait pour avoir le recul nécessaire.

– Maintenant, je suis prête.

D'une voix cérémonieuse, je déclare :

– Mes chers enfants, prenez place.

Les plus grands s'assoient d'eux-mêmes, les plus jeunes restent sur les genoux des nourrices. J'attends religieusement que le calme se fasse pour capter, au mieux, leur attention. Je m'installe à mon tour et je commence à fouiller dans mon chariot.

– Voyons voir quel trésor je vais pouvoir vous trouver dans ce sac. Ça, ah non ! Celui-là ? Peut-être… je ne suis pas sûre.

Je fais exprès de prendre tout mon temps. Je vois avec délice leurs petites têtes s'avancer vers moi. Ainsi, ils ressemblent à des tortues. J'ai presque l'impression que leurs cous vont se détacher du reste de leur corps tellement ils les allongent.

– C'est bon, voilà, je le tiens, dis-je en brandissant fièrement un album. Tout à fait ce que je cherchais.

Je les sens déjà frémir d'impatience. Avant d'ouvrir le livre, je marque un temps d'arrêt.

– Mais avant de débuter, il y a une question que j'aimerais vous poser. Qui connaît des histoires avec un loup ?

Une fillette s'empresse de répondre.

– Moi, je connais celle avec le Petit Chaperon rouge. C'est mon papa qui me la raconte le soir avant de faire dodo.

– Oui, mais elle fait trop peur ! renchérit une autre.

– Très bien ! Et si aujourd'hui je vous faisais découvrir une histoire différente ? Ça tombe bien, elle parle aussi du loup et du Petit Chaperon rouge. Elle s'appelle *Et pourquoi* ?

Je vois dans leurs yeux qu'ils sont tout à fait prêts à m'écouter alors je commence.

Très vite, ils reprennent en chœur « *et pourquoi ?* » à chaque fois que je leur fais signe. Je suis toujours impressionnée par leur capacité à se prendre au jeu. Une fois l'album terminé, je le referme délicatement.

– Alors, ça vous a plu ?

J'ai le droit à un oui enthousiaste de mon public. La petite puce, qui avait mentionné le Petit Chaperon rouge un peu plus tôt, me regarde, amusée.

– En tout cas, dans ton histoire, le Petit Chaperon rouge, c'est vraiment une coquine !

– Je suis d'accord avec toi, c'est pour cela que je l'aime bien, je lui réponds en lui souriant.

Alors que les enfants retournent jouer, je montre aux nourrices les autres livres du thème. J'ai bien entendu apporté les contes traditionnels comme *Le Petit Chaperon rouge*, *Pierre et le Loup* et *Les Trois Petits Cochons*.

Ces classiques restent incontournables. Mais je leur présente aussi les pépites de Mario Ramos qui m'amusent beaucoup.

Mon enthousiasme les séduit et je les quitte en ayant fait quelques ventes bienvenues. Le prochain rendez-vous est fixé dans quinze jours avec, pour thème, les sorcières. Je vais me régaler.

Au moment de repartir, les enfants agitent leurs mains pour me saluer. Pour leur plus grand bonheur, et le mien, je ne le cache pas, je leur fais l'honneur de mon super klaxon !

Je rentre déjeuner à la maison. Me poser me fera du bien. Le rythme de ma nouvelle vie commence à devenir soutenu, mais je suis tellement heureuse !

Je prends le temps de manger et de lire quelques pages du roman débuté il y a quelques jours (pour une libraire, lire de temps à autre reste une nécessité absolue !), avant de remettre de l'ordre dans mes bacs pour le marché de demain.
En fin d'après-midi, j'ai terminé, ce qui me permet d'aller chercher Constance et Léo dans leurs écoles respectives. Leurs établissements scolaires se situent dans deux villages différents.

C'est une des joies de la campagne et cela requiert une certaine organisation. J'irai d'abord récupérer ma cadette puis nous marcherons ensemble jusqu'au collège qui est dans notre commune.

Louise

13

Les yeux de Constance pétillent alors qu'elle m'aperçoit à la sortie de l'école. Quel plaisir pour mon petit cœur ! Ces dernières semaines ayant été relativement chargées, je n'ai que peu de temps à consacrer à ma fille ainsi qu'au reste de ma famille d'ailleurs. Cet infime moment d'éternité me fait prendre conscience à quel point cela m'a manqué. Je dois vraiment faire davantage attention à préserver mes relations avec mes proches.

Je la reçois les bras grands ouverts et nous passons quelques secondes collées l'une contre l'autre. Rien de mieux qu'un gros câlin pour se sentir vivantes ! Rapidement, son naturel reprend le dessus et elle me raconte, par le menu, l'intégralité de sa journée. J'adore ses babillages, même si je peine souvent à me faire entendre au milieu de son monologue sans fin.

La voiture garée devant la maison, nous nous rendons ensuite au collège. Comme il fait plutôt doux pour la saison, la balade s'annonce très agréable.

La sortie de Léo reste beaucoup moins démonstrative et obtenir un bisou relève du challenge. Pour ne pas mettre mon fils mal à l'aise, j'attends que ses copains s'éloignent pour le réclamer. Sinon, je le sais, son refus aurait été catégorique.

De retour à la maison, nous nous offrons un copieux goûter. En passant devant la boulangerie des Martin, nous n'avons pas pu résister à toutes ces viennoiseries qui nous appelaient. Nous sommes donc chacun sortis avec notre pâtisserie préférée : un pain au chocolat pour Léo, un pain aux raisins pour Constance et un croissant aux amandes pour moi. Nous avons même pensé à Valentin. Il sera ravi de savourer un flan en dessert au dîner.

Une fois rassasiées, Constance et moi décidons de préparer une ratatouille maison pour le repas. Je raffole de ces moments mère-fille où nous discutons de tout et de rien. Nous aimons particulièrement nous lancer des défis sous forme de *blind test* et voir celle qui trouvera le plus vite.

Ce soir, notre choix porte sur les chansons de Disney, cela promet d'être drôle. Pour jouer fair-play, je laisse ma fille répondre aux questions sur les dessins animés qu'elle connaît. Si jamais j'ose dire avant elle que ce sont les premières notes de *Libérée, Délivrée*, je risque d'en entendre parler pendant des siècles !

Tandis que je jubile en reconnaissant l'extrait de *Rox et Rouky*, ma crapule se moque de moi.

« Ah oui, c'est quand tu étais jeune, cela fait bien longtemps ! »

Ces petits trésors ont toujours tant de délicatesse lorsqu'ils vous envoient ce genre de pique ! La ratatouille est maintenant prête, je n'aurai plus qu'à la réchauffer tout à l'heure.

En attendant le retour de Valentin, je propose aux enfants de faire un jeu de société. Nous optons pour le *Cochon qui rit*, vous savez un jeu de « quand j'étais petite, il y a si longtemps », comme dit ma fille. D'ailleurs, celle-ci ne tarde pas à ronchonner. Elle ne parvient pas à obtenir le six qui lui permettrait de récupérer son cochon alors que Léo et moi avons déjà mis deux pattes aux nôtres. Même si cela nous amuse, nous nous retenons de rire. Pourtant, Dieu sait que la bouille qu'elle fait en ce moment nous en donne une envie irrépressible.

Heureusement, la chance tourne et elle finit finalement par gagner la partie. Léo et moi sommes un peu déçus. Bien que cela ne soit pas très charitable, nous aimons bien regarder Constance perdre et passer de longues minutes à se calmer à la façon d'un lionceau dans une cage. Chacun repart ensuite vers ses occupations. Je profite de cet instant pour m'installer sur le canapé avec un bon livre.

En ce moment, je prends beaucoup de plaisir à m'intéresser à de nouvelles plumes. Depuis quelques mois que je me tiens à ce leitmotiv, je vais de découvertes en découvertes, très souvent de belle qualité. Cela me permet aussi d'entrer plus facilement en contact avec ces écrivains en quête de notoriété. Véritable atout dans mon métier qui me donne l'occasion de partager ces pépites.

Je suis tellement absorbée par mon roman que je ne me rends compte de la présence de Valentin que lorsqu'il se penche sur moi pour m'embrasser.

— Dis-moi, elle a l'air drôlement bien ton histoire pour que tu ne m'entendes pas arriver ? me taquine-t-il.

— Comme toujours ! je lui réponds en me levant du canapé.

Il me prend alors dans ses bras. Je niche mon nez au creux de son cou. Que j'aime son odeur, même après une journée de travail. Je ne sais vraiment pas comment il, s'y prend pour sentir toujours aussi bon. En tout cas, cette particularité me fait littéralement craquer.

J'inspire donc à fond pour m'imprégner de ses effluves.
Il me lâche quelques instants plus tard.

– Cela sent drôlement bon dans cette maison, qu'est-ce
que vous nous avez préparé ?

– Une ratatouille, monsieur.

– Mmm, j'adore ça !

Je le regarde avec tendresse et réplique :

– Eh oui, on le sait bien ! Raison pour laquelle on l'a
cuisinée.

La soirée se passe dans une douce tranquillité. Léo
apporte à son père le flan que nous lui avons pris à la
boulangerie. Il est touché par cette attention et fait un gros
bisou à son fils, qui en rosit de plaisir. Malheureusement, je
ne peux pas m'attarder. Demain, le départ pour le marché
est à 3 h 45. Si je veux être en forme, je dois me coucher tôt.

Vivement dimanche matin où je pourrai profiter du réveil
en douceur près de mon mari sans qu'aucune notion
d'horaire vienne gâcher notre plaisir !

Louise

14

« La magie du premier amour, c'est d'ignorer qu'il puisse finir un jour. »
Benjamin Disraeli, *Henriette Temple*

Depuis quelque temps, j'ai pris l'habitude, lorsque je circule dans Saint-Georges sur les coups de midi, de m'asseoir sur le banc où nous nous étions donné rendez-vous avec Odette pour notre première entrevue. Ce moment de calme me permet de lire en toute quiétude. Laissez-moi vous décrire ce lieu et vous comprendrez pourquoi il m'apaise autant.

Autrefois, il n'y avait ici qu'un étroit passage qui menait de la maison de retraite à la salle des fêtes. La municipalité a depuis racheté les terrains alentour pour créer un petit jardin qui accueille quelques jardinières et des parterres d'aromatiques, une jolie glycine et un banc de pierre. En été, toutes ces plantations répandent leurs effluves dans l'air ambiant. On y croise souvent des oiseaux qui, grâce à leurs chants mélodieux, ajoutent une touche musicale au lieu.

Ce midi, j'ai jeté mon dévolu sur un des recueils de *13 à table*. Comme tous les ans, j'apprécie la diversité des auteurs qui proposent leurs nouvelles.

Je commence la première lorsque j'entends quelqu'un s'approcher de moi d'un pas décidé.

Intriguée, je relève la tête et me trouve nez à nez avec Odette.

– Ah, ma petite Louise, quel plaisir de te rencontrer par hasard !

– Plaisir partagé, chère Odette. Vous vous promenez ?

– Oui, j'allais faire quelques emplettes chez Marc. Tu viens souvent ici ?

– À chaque fois que je dispose d'un peu de temps pendant ma pause méridienne. Cet intermède me permet de me relaxer.

– Bonne idée, ça ne t'embête pas si je m'assois avec toi, me propose-t-elle en s'installant à mes côtés.

– Non, bien entendu.

Ne sachant pas trop quoi lui dire, je préfère rester en terrain connu et parler de littérature :

– Alors *Les Chroniques de Bridgerton*, vous avez terminé ?

– Oui, c'était très bien, je te remercie pour ce choix judicieux. Mais pendant que je lisais, quelque chose d'étrange s'est passé.

– Ah bon, quoi donc ? je poursuis, ma curiosité ayant été attisée.

– J'ai repensé à ma vie d'avant. Tu sais, fillette, je n'ai pas toujours été très sage, m'annonce-t-elle avec malice.

Je me demande bien ce qu'elle sous-entend.

Et avec un grand sourire, elle continue :

– Est-ce que tu veux que je te raconte ?

– À votre ton, je devine que ce roman contient plus d'un chapitre.

– Y'a des chances, mais d'autres rencontres seront nécessaires pour que je puisse tout t'expliquer. À mon âge, je pense qu'il est temps de partager toute mon histoire. Et si cela peut te divertir, c'est encore mieux.

Je lui réponds avec un grand sourire :

– Je suis partante !

Très sérieuse, elle pose ses mains sur ses genoux et commence d'une voix douce :

— Mon père était militaire. J'avais onze ans quand il fut muté dans le sud de la France. Cela m'a rendue triste, car je quittais l'endroit où j'avais toujours vécu, où restaient toutes mes attaches. Mes années de petit lycée se révélèrent bien monotones. Je n'étais pas suffisamment âgée pour jouir d'une quelconque indépendance, alors je m'ennuyais. J'attendais le passage au lycée avec impatience. Celui-ci se situait un peu plus loin, et je dus donc entrer en internat pour pouvoir suivre mes cours. Habituée à la rigueur militaire, la vie en communauté se révéla plutôt facile pour moi. Faire son lit au carré, respecter des horaires stricts, c'était mon quotidien depuis ma plus tendre enfance. Cette nouvelle vie m'offrait un vent de liberté d'autant plus que nous étions à la toute fin des années soixante. Je rencontrais là-bas mon premier amour, je pourrais même dire mon seul amour. Gabriel. Il arriva au lycée en première. Il portait les cheveux longs, comme souvent les garçons à cette époque, mais il se la racontait beaucoup moins que les autres m'as-tu-vu de ma classe. Je pense que c'est ce qui m'a tout de suite plu chez lui, sa discrétion.

Moi, je me montrais déjà exubérante.

Sa dernière phrase m'amuse, ce dont elle se rend compte puisqu'elle déclare avec malice, avant de poursuivre son récit :

— Oui, Louise, je te vois sourire, certaines choses ne changent pas, malgré les années qui défilent. Tu imagines si je m'étais tournée vers quelqu'un qui était exactement comme moi. Notre couple aurait été une véritable bombe atomique ! Non, son calme constituait son principal atout charme. Dès le début, il avait une capacité affolante à me canaliser. Et ça, ma petite, je peux te dire que c'était pas une mince affaire. Mais je n'étais pas une fille facile. Je l'ai bien fait lambiner un mois ou deux. Mais bon, pas trop longtemps quand même, à cet âge-là, on change vite d'objectif. J'aurais été peinée qu'il aille voir ailleurs. La vie à l'internat rendait aisés les rapprochements. Nous avions pris l'habitude de nous promener le soir avant de rejoindre nos dortoirs. C'est ainsi, à un moment où il ne s'y attendait pas, que je l'ai embrassé pour la première fois. Je ne te cache pas qu'au début, il a été un peu surpris, mais vu que j'embrassais vraiment comme une déesse, il s'est vite laissé emporter.

Vous imaginez bien ma tête au récit des premiers émois de cette mamie de soixante-dix ans. Quel instant étrange et déroutant ! Mais elle les partage avec tellement de spontanéité. J'avoue que j'aurais bien encore passé plusieurs heures à ses côtés, mais un coup d'œil sur ma montre m'informe que je dois reprendre la route. Odette surprend mon regard et s'interrompt :

– Allez, Louise, je vois que tu n'oses pas me dire que tu vas être en retard. File, je te raconterai la suite plus tard.

– J'espère bien, lui avoué-je en récupérant mes affaires sur le banc. À très vite, Odette !

Elle me salue alors d'un grand signe de la main et ajoute :

– À présent, il ne me reste plus qu'à aller enquiquiner Marc !

Et elle se lève et repart de son pas alerte en direction de l'épicerie.

Elle ne s'arrête donc jamais.

Je rejoins mon véhicule et fais le point sur mes rendez-vous de l'après-midi avant de démarrer. C'est malin, maintenant Odette m'a mis l'eau à la bouche. Je n'ai désormais qu'une envie, connaître la suite de son histoire, comme dans tout bon roman qui se respecte.

Je suis persuadée que l'occasion se présentera très vite. En tout cas, je l'espère de tout cœur.

Hector

15

« Aimer les fleurs, c'est une façon d'apprivoiser les pleurs. »
Kheira Chakor

Je m'assois au bord de la terrasse, épuisé et pourtant si fier. Fier du travail accompli en quelques jours. J'ai commencé par regarder les outils de jardinage que mes parents ont conservés dans le cabanon. Gamin, je me moquais souvent du côté maniaque de mon père. Force est de constater que le soin qu'il portait au matériel montre une fois de plus son bien-fondé. Je dois bien l'admettre.

Alors que ces outils n'ont pas été utilisés depuis des années, ils restent en parfait état, alignés sur le mur et retenus par une ficelle à un crochet. Une forme a été dessinée pour chacun afin de le ranger facilement à sa place.

Je commence à faire ma sélection et la dépose au fur et à mesure dans la brouette que j'ai récupérée. J'ajoute une griffe et une petite pioche à la serfouette et à la binette. Je retrouve une paire de gants dans les tiroirs de l'établi.

En effet, à mon âge, je voudrais éviter de me blesser.

Je dois prendre certaines précautions comme ma peau est plus fine.

En sortant avec tout mon attirail, je marque un temps d'arrêt. Je ne sais pas encore par où commencer. Le chantier s'annonce vaste. Après un rapide coup d'œil circulaire, je me décide pour les parterres le long de la maison.

Les mauvaises herbes les ont complètement envahis. Grâce à l'expérience acquise auprès de maman, je distingue sans encombre les pousses des plantes à conserver. Ce travail apparaît fastidieux, mais revigorant. Je réalise alors à quel point tout cela m'a manqué. J'arrache chaque herbe consciencieusement, jusqu'à la racine. Certes, cela est plus exigeant, mais me permettra d'y revenir moins souvent.

Au bout de deux heures, j'ai fini de désherber la totalité de la zone. Je peine à me relever. Je dois me redresser progressivement afin que chaque vertèbre reprenne sa place. Rester accroupi aussi longtemps est moins facile qu'auparavant. Je sais cependant que ce n'est pas une fatalité. Plus on bouge, mieux on se sent. J'ai même un exemple en tête : j'ai été impressionné dernièrement par ce jeune cycliste de cent deux ans, Robert Marchand qui a établi un record de l'heure en 2014.

En comparaison, avec mes soixante-douze printemps, je fais figure de jeunot !

Après un rapide déjeuner, je me rappelle que je n'ai pas terminé l'exploration de la malle de mon père au grenier. Je m'y rends avec un soupçon d'excitation. Une fois à l'étage, j'ouvre le couvercle et délicatement, je sors de nouveau les cahiers et les plumiers me demandant quel autre trésor ce coffre va me révéler. Les objets disposés dans le fond semblent plus lourds. Je dois, pour les dégager, utiliser mes deux mains. Je commence à avoir une idée de mes futures trouvailles : les ouvrages que mon père me lisait le soir lorsque j'étais enfant.

J'ai vu juste ! *Les aventures de Tom Sawyer* est le premier à apparaître, puis viennent *Vendredi ou la vie sauvage* et *Peter Pan*.

Que de souvenirs me reviennent !

Qu'est-ce que j'avais pu jouer en m'imaginant dans l'un de ces mondes ! Durant quelques instants, je me remémore, avec nostalgie, toutes ces histoires que j'avais alors inventées avec mon frère. Nous étions le plus souvent Peter Pan ou l'un des enfants perdus, mais, de temps en temps, nous changions pour le camp des pirates : nous devenions, à tour de rôle, Capitaine Crochet ou Monsieur Mouche.

Un autre jour, je me transformais en Tom Sawyer, allant de facétie en facétie. Mon frère, lui, incarnait mon fidèle compagnon, Huckleberry Finn. D'ailleurs, il avait parfois bien du mal à sortir du personnage. Il fallait alors un rappel à l'ordre bienveillant de notre père pour qu'il retrouvât sa vraie personnalité.

Je ne suis pas au bout de mes surprises. Tout au fond de la malle, je découvre un objet emballé dans un tissu avec soin. J'ouvre en douceur et lentement les pans du linge et je vois apparaître l'un des trésors paternels.

Je me souviens tout à fait de son émotion lorsqu'il l'avait aperçu chez un bouquiniste du vieux Lille pendant des vacances familiales. Il le cherchait depuis des années. Il avait dû âprement négocier avec le vendeur pour l'obtenir à un prix raisonnable.

Mon père, à mon grand étonnement, avait ensuite passé sa soirée à l'observer, caressant la couverture en relief si particulière et s'imprégnant de l'odeur propre aux livres anciens. Curieux, j'avais voulu comprendre pourquoi il revêtait une telle importance à ses yeux. Je m'étais donc doucement approché et je lui avais demandé :

– Papa, c'est quoi ton livre ?

Interpellé, il s'était retourné et m'avait dit tendrement :

– Viens, mon garçon, je vais t'expliquer.

J'avais alors pris place sur le lit, à ses côtés. Et il avait commencé son récit :

— Cette œuvre s'appelle *L'Épave du Cynthia* et elle a été écrite par Jules Verne et André Laurie. Elle raconte les aventures d'un jeune homme sauvé d'un naufrage alors qu'il était bébé et qui, à l'âge adulte, part à la recherche de sa famille.

— Ça veut dire quoi sauvé d'un naufrage ? l'interrogeai-je.

— Cela signifie qu'il était sur un bateau, le Cynthia, et que celui-ci a coulé, mais qu'il a survécu à cette catastrophe, expliqua mon père.

— Et pourquoi voulais-tu autant le trouver ce livre ?

— Ça, c'est encore une autre histoire que tu as très envie de connaître, n'est-ce pas ?

— Oui, c'est vrai. Tu me le racontes, papa, s'il te plaît ?

— D'accord. Ouvre grand tes oreilles alors ! Lorsque j'avais à peu près ton âge, mon grand-père me contait souvent cette péripétie. Je l'adorais, car je trouvais incroyable qu'un nourrisson ait survécu à un naufrage. À chaque fois que je me rendais chez lui, je lui demandais de me la lire encore et encore. Malheureusement, un incendie dévasta la maison et toute la bibliothèque partit en fumée. C'était cette édition originale que ce dernier regretta le plus, comme elle lui venait de son propre père, il y tenait beaucoup. Tu vois, c'était donc une tradition de se la transmettre de père en fils, ou en fille bien entendu. Il était très déçu de ne plus pouvoir la poursuivre. Mon père ne comprenait absolument pas cet engouement. Mais moi, j'avais contracté le virus. Maintenant que je l'ai trouvé, je vais pouvoir vous la faire découvrir à ton frère et à toi. Et une fois que je ne serai plus là, vous pourrez la donner à votre tour à vos enfants.

Doucement, je passe ma paume sur la couverture, comme si je lui faisais une caresse.

Sur la gauche, mes doigts suivent le relief de la fougère qui l'orne de haut en bas. Sous les noms des auteurs se dessine la bouée de l'épave du Cynthia. En écoutant mon père m'en faire la lecture, j'avais compris pourquoi il l'aimait tant. Malheureusement, je ne pourrai pas le faire passer en héritage, comme il le souhaitait si fort. En tout cas, pas à mes descendants.

À mon immense regret, la vie ne m'avait pas donné la possibilité de fonder une famille. C'était ainsi, je l'avais accepté. Nul besoin de s'appesantir là-dessus désormais.

Louise

16

Peu de monde au marché ce matin, qu'importe, j'en profite pour passer davantage de temps avec mes clients, afin de mieux cerner leurs goûts et leurs envies.

L'auvent déployé pour abriter mes livres de la pluie au maximum, j'ai ouvert la porte du bus pour qu'on puisse y accéder rapidement. Grâce à la rampe confectionnée par Valentin, l'accès est désormais facilité. Les ouvertures me permettent de voir à l'intérieur comme à l'extérieur, si quelqu'un a besoin de moi. J'aperçois tout à coup une jeune fille qui semble montrer un véritable intérêt pour la lecture. D'allure frêle, les cheveux châtains au carré, elle ne doit pas avoir plus de treize ans. Elle se dirige vers la section fantastique et science-fiction et comme cela fait partie de mes domaines de prédilection, je dispose d'un choix assez conséquent.

Je me suis même amusée à placer quelques figurines représentatives le long du mur. D'un côté à l'autre, Daenerys Targaryen de *Game of Thrones* accompagnée de l'un de ses dragons côtoient Hedwige, le harfang des neiges *d'Harry Potter,* bien droite sur son perchoir.

Pour enrichir cette section, j'ai d'ailleurs sélectionné deux nouvelles écrivaines talentueuses que j'ai eu la chance de découvrir. Peut-être pourrai-je lui proposer ?

Je la laisse prendre et reposer plusieurs ouvrages. Comme elle semble indécise, je me risque à l'aiguiller :

– Vous avez l'air d'apprécier l'univers fantastique ?

– Oui, en effet, me répond-elle timidement. Mais j'ai déjà lu un grand nombre de titres que vous avez. Ma mère est une fan invétérée.

Je me dis que le moment est venu de tenter ma chance avec mes nouveautés.

– Et cette auteure, est-ce que vous la connaissez ?

Je lui tends un ouvrage dont la couverture représente une jeune fille avec un arc, entourée de lunes. Elle retourne le livre et s'attarde sur le résumé.

– Vous l'avez lu ? m'interpelle-t-elle.

– Oui, et je l'ai beaucoup apprécié. Si vous accrochez bien, il existe une suite.

Je la vois hésiter, alors je lui laisse un peu de temps. Elle ne tarde pas à reprendre.

– De quoi parle-t-il ?

– Lune est une jeune femme dont personne n'a jamais ni entendu le son de sa voix, ni vu le visage. Destinée à régner sur le royaume de Corélie, elle est conduite à son futur époux par une troupe assez hétéroclite. Son voyage s'annonce mouvementé, et avec ses compagnons, elle vit de multiples péripéties.

– L'histoire me plaît, je vais le prendre et je vous dirai si la suite me tente. Vous êtes là toutes les semaines ?

– Oui, chaque samedi.

– D'accord, et merci pour vos conseils.

La jeune fille paie et rejoint sa mère qui l'attend au pied du bus.

La matinée se termine tranquillement, mais je me dépêche de ranger. Léo dispute une compétition d'athlétisme cet après-midi et je ne voudrais la manquer pour rien au monde.

Quand j'arrive à la maison, mon fils est déjà dans les *starting-blocks*. Il semble soulagé de me voir rentrer de bonne heure.

Nous avalons rapidement notre déjeuner composé de jambon et de coquillettes — un vrai repas de sportif — et nous prenons la route. Bien entendu, Constance nous accompagne. L'épreuve se déroule à une demi-heure de notre domicile et il souhaite pouvoir bien s'échauffer avant le départ.

En tout cas, c'est la teneur de ses explications qu'il nous assène en long, en large et en travers pendant le trajet. Valentin et moi nous regardons en souriant. Notre aîné a vraiment l'esprit de compétition et cela nous amuse. Même si parfois, il prend un peu la grosse tête, il apprend de mieux en mieux à gérer les courses où son résultat n'apparaît pas à la hauteur de ses espérances.

Arrivé sur site, il rejoint son entraîneuse et ses camarades. Heureusement, le temps s'est éclairci et semble vouloir se maintenir pour le reste de l'après-midi. Son épreuve du jour est un cross. Comme les flaques de boue constellent l'ensemble du parcours, il doit chausser ses crampons. La compétition commence avec les plus jeunes. Léo prendra le prochain départ avec les autres poussins. Ils devront courir un kilomètre en sous-bois, avant de finir sur une ligne droite de 300 m.

Après nos derniers cris d'encouragement, nous le regardons s'éloigner tranquillement.

Il grandit si vite. Nous nous dirigeons vers les barrières près de l'arrivée. Constance grimpe sur l'une d'entre elles. Elle ne voudrait pas louper le final de son grand frère chéri ! Nous nous installons derrière elle et Valentin passe le bras autour de mes épaules. Nous ressentons toujours un brin d'appréhension et d'excitation dans ces moments-là.

L'arbitre siffle enfin le départ et une trentaine de gamins se lance sur le chemin. Ça joue des coudes pour se faire une place, autant de la part des filles que de celles des garçons.

Ils tournent bientôt à l'orée du sous-bois et nous les perdons de vue. Quelques minutes plus tard, nous apercevons un groupe de quatre enfants ressortir.

Constance, la première, se rend compte que son frère en fait partie. Elle l'encourage à tue-tête. Mais dans la dernière ligne droite, alors que Léo veut dépasser l'un de ses adversaires, ce dernier s'écarte, obligeant mon fils à courir dans une énorme flaque d'eau. Il décide de ne pas la contourner et au moment où son pied droit touche la boue, sa chaussure reste coincée. Au lieu d'essayer de la récupérer, il dégage son pied, continue sa course et franchit la ligne en troisième position.

Nous le rejoignons rapidement. Son visage manque d'expressivité et nous ne savons pas vraiment à quoi nous attendre. Sous nos yeux incrédules, il éclate soudain d'un rire tonitruant.

– Vous avez vu ça, c'était trop génial ! Mais je crois que je dois aller chercher ma godasse, s'exclame-t-il en jetant un coup d'œil vers son pied droit où il n'y a plus qu'une chaussette ! En plus, ça a fait un super bruit, du genre « scrpouf » comme si la boue allait m'aspirer.

Sa sœur le regarde d'un air désespéré.

– Bientôt, tu vas nous raconter qu'il y avait un monstre là-dessous ! N'importe quoi !

– Peut-être bien, mais comme il n'aime que les petites filles, j'ai réussi à m'échapper.

Il pousse alors un *grrr* monumental, digne de Shrek, et se met à courir après Constance. Nous les suivons du regard, attendris.Quelques instants plus tard, un bénévole lui rapporte sa chaussure. Je jette un œil désespéré à ses chaussettes qui ne seront sans doute pas récupérables à cause de leur état lamentable.

En maman attentionnée, je file lui chercher une nouvelle paire dans son sac.

Nul doute qu'il se souviendra de cette course !

Sur le chemin du retour, les enfants ronflent tous les deux comme des bienheureux à l'arrière de la voiture. Il n'y a rien de plus fatigant que les aventures !

Nous sommes nous aussi ravis de cette accalmie.

Louise

17

Une nouvelle semaine relativement chargée s'annonce. En ce lundi, je rejoins Suzanne à la bibliothèque. Nous devons faire le point sur le portage à domicile après ces quelques semaines de fonctionnement. Elle m'attend en milieu de matinée et comme je n'ai aucun client avant, je peux profiter du calme de la maison.

Je trouve ces moments où je me retrouve seule chez nous toujours un peu étranges. À tout instant, j'imagine que l'un de mes « colocataires » va apparaître. Mais non, les enfants sont à l'école et Valentin au bureau, je devrais être tranquille. Dans ces cas-là, je reste volontairement dans le silence. Aucune musique, aucun écran. Je profite de la quiétude ambiante. Même si j'aime cette vie en famille, j'ai besoin de ces parenthèses de solitude. Elles me permettent de me recentrer sur moi-même. Je peux ainsi passer plusieurs minutes à écouter les bruits extérieurs.

Le voisin qui part travailler, l'auxiliaire de vie qui arrive pour s'occuper de madame Grenet au numéro 3.
Les oiseaux qui se posent sur le rebord de ma fenêtre. Surtout depuis que je leur ai mis des boules de graisse à disposition. Au départ, ils ne venaient que très peu, puis au

fur et à mesure, les boules diminuaient de plus en plus vite. À croire qu'ils s'étaient passé le mot et que mon adresse était devenue un lieu privilégié de restauration.

Plongée dans mes pensées, je ne vois pas le temps filer. Un rapide coup d'œil à l'horloge et je réalise qu'il me reste à peine quelques minutes avant notre entrevue. Heureusement, le trajet jusqu'à la bibliothèque, qui se trouve dans la commune voisine, est très court. J'ai bien essayé de porter une montre pour éviter ce genre de désagrément, mais c'est peine perdue.

Lorsque j'arrive, Suzanne discute avec sa responsable. D'un geste, elle m'indique qu'elle me rejoint dans cinq minutes.

J'en profite pour faire un tour dans les rayonnages. Mon amie possède un véritable don pour dénicher des nouveautés qui sortent de l'ordinaire. Je crois que c'est l'une des raisons qui nous ont rapprochées d'ailleurs. J'avance vers le présentoir, face à l'accueil, qui met en avant les récentes acquisitions.

À côté des ouvrages très médiatisés, que j'ai moi aussi en stock, une couverture acidulée accroche mon œil. On y voit une grenouille allongée qui tient un cœur dans sa main. C'est surtout le titre qui m'attire *Mon prince ne viendra pas, tant pis je ferai sans*. Très prometteur ! Je le place donc directement sur le bureau de ma copine pour l'emprunter.

Suzanne arrive sur ses entrefaites et aperçoit l'ouvrage déposé quelques secondes plus tôt.

– Je vois que tu as déjà mis la main sur ma nouveauté préférée !

– Tu sais bien que les contes de fées m'ont toujours fait rêver.

– Ah ça, si tu t'attends à une idylle pleine d'amour et d'eau fraîche, tu vas être servie ! À part ça, quoi de neuf depuis la dernière fois ? enchaîne-t-elle.

– Je prends mes marques pas à pas et une certaine routine s'installe déjà.

– Et le portage à domicile n'alourdit pas trop ta charge de travail ?

– Non, ça va. Au départ, j'avoue que c'était un peu compliqué, car j'avais tendance à partir dans tous les sens et je manquais d'efficacité. Mais j'ai réussi à planifier ma tournée. Depuis, ça roule !

– Pour une librairie ambulante, c'est plutôt une bonne chose, s'amuse-t-elle. Du coup, si je te propose un projet supplémentaire, tu auras le temps de le préparer ?

– Ouh là, te connaissant avec tes idées farfelues, je me méfie toujours un peu ! je lui réponds en lui faisant une grimace.

– Qu'est-ce que tu sous-entends ? Mes idées sont toujours géniales ! rétorque-t-elle, outrée.

– Farfelue et humble en plus !

– Non, mais tu n'as pas fini de te payer ma tête ? s'énerve-t-elle.

– Mais le plus important, c'est que malgré tout ça, je t'aime, ma copine.

Je la vois se radoucir immédiatement et poursuis :

– Bon alors, ce projet, tu m'en parles ?

– Maintenant, tu veux que je te raconte ? reprend-elle faussement fâchée.

– Bien évidemment, tu sais à quel point j'adore te taquiner. Et comme le dit si bien la maxime, « qui aime bien charrie bien » ! Ah non, cette réplique m'appartient ! Allez, je t'écoute pour ta merveilleuse idée.

– D'accord. Avec la nouvelle directrice de l'école, Élise, que tu connais bien d'ailleurs, nous souhaitons changer l'organisation du marché de Noël qui a lieu tous les ans dans la salle des fêtes de Beaulieu. Là, bien entendu, j'enfile ma casquette de présidente du comité des fêtes, pas celle de bibliothécaire. Nous voudrions le diversifier en invitant les artisans du coin, en plus des exposants de l'école. Et maintenant, tu en fais partie. Alors tu es partante ?

– Oui, bien sûr. Qui d'autre se joindra à nous ?

– J'en ai parlé à Marc, aux Martin et à deux, trois agriculteurs qui vendent en direct à la ferme. Ils ont tous accepté de participer.

– Dis donc, ça fait beaucoup de monde en fin de compte. La salle des fêtes sera suffisamment grande ?

– Dans l'idée, celle-ci serait réservée aux exposants de l'école, comme d'habitude. Et les artisans pourraient se mettre à l'extérieur sur le parking. Pour ceux qui ne possèdent pas de véhicule pour abriter leurs marchandises, nous prévoyons d'installer des barnums au besoin, m'explique-t-elle.

– Je suppose que ce marché aura lieu le dernier vendredi avant les vacances de Noël ?

– Oui, exactement. Nous nous revoyons bientôt pour fixer tous les détails ensemble.

– Tu peux donc compter sur moi. Je viens aussi récupérer les caisses de portage.

– Oui, j'allais oublier. Elles sont prêtes. Je les ai préparées ce matin avant que tu n'arrives. Je vais t'aider à les prendre. Tu es venu en voiture ou en camion ?

– En voiture, je rentre manger à la maison avant de repartir pour ma tournée de l'après-midi. On se voit toujours samedi pour l'anniversaire de Joël ?

– Bien entendu ! Et surtout, n'oubliez pas de venir déguisés. Bonne semaine et à samedi !

Mince, les déguisements ! J'avais complètement zappé. Je dois impérativement m'en occuper mercredi avec les enfants. Après avoir déposé les caisses dans le coffre de ma voiture, j'embrasse Suzanne. Le temps que je manœuvre pour sortir du parking, je la vois qui reste sur le seuil de la bibliothèque ; elle adore me faire de grands signes quand je pars, et même très souvent une jolie grimace.

Louise

18

« Rien ne s'est fait de grand qui ne soit une
espérance exagérée. »
Jules Verne

À la maison, nous possédons un dicton : garder tout et n'importe quoi, ça peut toujours servir ! Heureusement que nous disposons d'un grand sous-sol qui nous permet de stocker tous nos trésors. Une véritable caverne d'Ali Baba selon Valentin et les enfants. Moi, j'avoue me montrer plus dubitative, mais bon, je m'y suis faite.

Lorsque je leur rappelle l'anniversaire de Joël samedi soir, la première réaction de ma fille est spectaculaire :

– Mais on n'a même pas fait mon déguisement ! se met-elle à brailler de façon hystérique.

Comme d'habitude, en quelques secondes, elle est calmée. Ses accès de « folie » repartent toujours aussi vite qu'ils arrivent. Nous avons donc appris à ne pas surenchérir. Vous pensiez sûrement qu'elle se choisirait une tenue de princesse comme n'importe quelle fillette de six ans. C'est bien mal connaître notre Constance.

– Et si l'on se déguisait tous en *Jules Verne* ?

Eh oui, je plaide coupable, notre demoiselle a été biberonnée aux *Voyages extraordinaires* de notre auteur préféré.

– Tu veux dire, comme si l'on était des personnages de ses romans ? Je lui demande pour qu'elle m'éclaire davantage.

– Exactement, moi je souhaiterais être le capitaine Nemo, mais en fille, me répond-elle, d'un ton impérieux.

– Et moi, j'aimerais me déguiser en Axel Lidenbrock, renchérit tout de suite Léo qui voue une tendresse particulière à *Voyage au centre de la Terre*.

Oui, il avait eu le droit au même régime que sa sœur. Valentin éclate de rire.

– On aurait peut-être dû y aller mollo sur *Jules Verne* ! ajoute-t-il en me regardant, consterné.

– Carrément, mais désormais, nous devons assumer ! J'espère qu'il te reste une casquette de capitaine dans ta malle de déguisement.

– Et sans aucun doute un vieux sac à dos élimé pour le jeune Lidenbrock ! Je devrais pouvoir m'en sortir. J'irai jeter un coup d'œil tout à l'heure.

Nos enfants sont ravis ! Une fois de plus, nous les laissons pénétrer dans ce monde imaginaire que nous adorons tous les deux, sans leur mettre la moindre limite.

Tout à coup, Constance prend un air désolé.

– Mais vous, en quoi vous allez vous déguiser ?

– Bonne question, jeune demoiselle ! Pour le moment, aucune idée. Nous allons en discuter tout à l'heure avec papa, je suis sûre que nous allons trouver.

Ma réponse paraît lui suffire et la rassurer.

Les enfants partent se laver les dents et se mettre au lit de leur propre initiative, ce qui me ravit. Mon mari et moi en profitons pour prendre place tranquillement sur le canapé, l'un tout près de l'autre.

Cet instant, où nous nous retrouvons en tête à tête, représente notre moment de détente de la journée. Nous n'avons jamais oublié qu'en plus d'être des parents, nous sommes avant tout un couple.

Nos premiers pas de jeunes parents n'avaient pas été évidents, mais ma mère avait veillé au grain de façon très bienveillante en gardant les enfants à intervalles réguliers. Elle nous mettait alors à la porte de notre propre maison en nous disant : « Allez ouste, sauvez-vous et prenez du bon temps, et je vous donne même la permission de ne revenir que demain matin ! »

Dans ces cas-là, effectivement, nous n'hésitions pas. Nous conservons de cette époque des souvenirs très agréables. Très vite, nous en étions venus à réclamer ces moments d'intimité. Ma mère prenait le relais avec plaisir dès que nous le demandions.

Bien entendu, par respect pour elle, nous n'en abusions jamais.

Une tisane entre les mains, Valentin se tourne vers moi et me détaille, les yeux coquins :

– Je sais en quoi tu pourrais te déguiser samedi.

– À la vue de ton regard de fripouille, j'avoue avoir un peu peur !

– Tu te souviens du *Tour du monde en quatre-vingts jours* ?

– Bien sûr, et donc ?

– Je pourrais jouer Philéas Fogg et toi, tu serais la belle Aouda, que j'aurais sauvée des flammes alors que tu étais vouée à une mort certaine. Je t'imagine avec une chatoyante tenue d'Indienne : un haut à manches longues avec le nombril à l'air, une jolie tresse qui serpente dans ton dos. De cette façon, je pourrais glisser délicatement mes mains sur ton ventre.

– Ah non, tu devras te comporter comme le gentleman que tu es censé être !

– Même pas drôle !

Je continue malicieusement :

– Cependant, tu pourrais essayer de me séduire pour que j'accède à tes envies plus tard dans la soirée…

– Voilà un plan très alléchant ! Je crois que je vais me laisser tenter par ta proposition.

Déjà, ses mains audacieuses partent à l'assaut de mon corps. Très vite, je me recule, mettant un peu de distance entre nous. Je ne souhaite pas rendre tout de suite les armes alors je lambine, pour faire durer ce jeu de dupes :

– Sans doute, mais tu devras me montrer l'ampleur de tes talents.

– Depuis quand doutes-tu de mon don pour te séduire ?

– Je ne le conteste pas, mais j'aime tellement que tu en uses et en abuses, je lui glisse dans un murmure.

– Est-ce que je peux commencer dès maintenant ? propose-t-il en me tendant la main après s'être relevé.

– Tu peux au moins tenter le coup, je rétorque en le suivant vers l'étage qui mène à notre chambre.

Je passerai sous silence le reste de la soirée qui se révéla délicieuse, comme souvent entre nous. Nous nous sommes tellement bien trouvés.

Mercredi, en début d'après-midi, nous sommes prêts pour le branle-bas de combat. Valentin a réussi à dénicher quelques accessoires intéressants : une casquette de capitaine, un vieux sac à dos beige avec de multiples poches, deux gilets de costume, un nœud cravate et autres objets très prometteurs.

Immédiatement, Constance s'empare du couvre-chef. Cet attribut la rend si sérieuse !

– Dis-moi ma chérie, tu n'as pas une petite veste bleue dans ta penderie ? Tu sais, celle que nous avions achetée pour le mariage de tata en juin dernier.

Elle part aussitôt en courant vers sa chambre et revient, triomphante.

– Je l'ai !

– Tu l'enfiles pour que je voie ? Parfait ! j'acquiesce d'un air satisfait.

Sa moue désapprobatrice m'interpelle.

– Non, il me manque quelque chose. Des boutons dorés pour faire vraiment capitaine et des traits sur les épaules.

Ma fille a toujours une idée très précise de ce qu'elle veut. Situation souvent agaçante, mais au moins elle ne tergiverse pas.

– Pour les boutons, tu pourras en trouver dans ma travailleuse, à côté de ma machine à coudre. Je dois en avoir quelques-uns dans ma réserve. Pour les barrettes sur les épaules, je vais voir ce que je peux faire. Rassure-moi, tu ne vas pas mettre que la veste ?

Elle me jette un regard affligé.

– Ben non, je vais pas sortir les jambes à l'air !

– Tu n'as qu'à choisir l'un de tes leggings. Je te laisse les essayer pour décider ce qui convient le mieux.

Constance, désormais bien occupée, je me tourne vers Léo.

– Et toi, mon grand ?

Cela le fait toujours un peu tiquer lorsque je l'appelle ainsi. Je sais qu'il n'apprécie pas plus que ça, mais j'aime bien le taquiner.

– Tu peux aussi aller chercher une chemise et un pantalon dans ta penderie. Prends celui en lin que je t'ai acheté l'été dernier et une chemise unie à manches longues. On va éviter les fleurs hawaïennes.

Précision importante, car mon fils s'est découvert, il y a quelques mois, une passion pour le style plage. Hauts bariolés, bermudas, un vrai surfeur des bacs à sable. Cela s'accorde à merveille avec ses cheveux qu'il a volontairement laissé pousser pour pouvoir remettre régulièrement sa mèche en arrière.

Quelques minutes plus tard, il revient vêtu d'une chemise blanche et de son pantalon en lin beige.

– Impec, lui dis-je en lui tendant un gilet rouge. Enfile-le par-dessus et boutonne-le complètement.

Je farfouille quelques instants dans ma réserve de rubans et en retrouve un en satin noir suffisamment long pour mon dessein. Après lui avoir attaché les boutons jusqu'en haut, je fais un gros nœud. L'effet est saisissant ! On dirait un tout jeune aristocrate du début du vingtième siècle, prêt pour l'aventure.

— Vas-y, c'est bon, tu peux te regarder dans le miroir.

— Waouh, maman, c'est trop bien ! Il me remercie en me claquant un énorme bisou sur la joue.

Je lui tends alors le sac à dos.

— À toi maintenant de le remplir avec toutes les choses nécessaires à ton expédition.

Il repart d'un pas décidé vers sa chambre, un sourire jusqu'aux oreilles. Je pense que je ne vais pas le revoir de l'après-midi.

Entre-temps, Constance a mis la main sur les boutons qu'elle cherchait. Pour les barrettes, je compte me servir de trois bouts de ruban jaune, ils devraient faire l'affaire.

Pour qu'elle ne reste pas à mes côtés en trépignant jusqu'à ce que j'aie terminé, je lui fais une proposition :

— Et si tu allais te fabriquer une longue-vue ? Élément essentiel pour un bon capitaine s'il ne veut pas se faire aborder et piller par des pirates !

Je vois dans son regard qu'elle sait déjà comment y parvenir. Ma fille garde toujours dans sa chambre un tas de cartons de toutes tailles pour ses multiples bricolages. Je lui dis qu'en cas de besoin, elle n'hésite pas à appeler au secours. Rassurée, elle part sans demander son reste.

En fin d'après-midi, les déguisements des enfants sont terminés. Nous n'aurons plus qu'à préparer les nôtres. Mais Valentin et moi verrons cela un peu plus tard. À chaque jour suffit sa peine !

Samedi soir, lorsque nous arrivons chez Suzanne et Joël, la fête bat déjà son plein. On entend la musique qui vibre à l'intérieur, et le temps clément permet à quelques invités de discuter tranquillement sous la pergola.

Mon amie nous accueille avec un regard dubitatif, elle a besoin d'explications devant nos costumes insolites.

– C'est une idée de Constance !

– Et en quoi consiste exactement cette idée ?

Visiblement, ce n'est toujours pas très clair pour elle.

– Nous faisons un remake des aventures de Jules Verne.

– Je commence à comprendre.

Se tournant vers ma fille, elle ajoute :

– Toi, tu dois sûrement être le capitaine Nemo, n'est-ce pas ?

– Mais non, répond Constance d'un air désolé, tu vois bien que je suis une fille, je suis donc la capitaine Nemo.

– Enchantée, ma capitaine, la salue-t-elle de la tête.

Cette dernière semble satisfaite, car son visage se fend soudain d'un immense sourire.

Suzanne regarde alors Léo quelques instants.

– J'avoue que là, je donne ma langue au chat.

Mon fils se montre compréhensif.

– C'est normal, ce n'est vraiment pas facile. Je suis Axel Lidenbrock, le neveu du chercheur de *Voyage au centre de la Terre*.

– Ah oui, effectivement, j'aurais eu du mal à trouver. Quant à vous, annonce-t-elle en nous dévisageant, vous semblez un bien beau couple.

En effet, Valentin a glissé son bras le long de mon ventre. Il ne peut résister à cette partie de mon corps laissée à nu. J'ai ramené mes cheveux longs dans une tresse sur le côté, pour son plus grand plaisir. Mon mari devient complètement fou dès que je natte ainsi ma chevelure.

Suzanne prend quelques instants pour réfléchir.

– Je dirais Philéas Fogg et Aouda. Ai-je raison ?

Je la félicite en tapant dans les mains.

– Bravo, tu m'impressionnes.

– N'oublie pas que je suis bibliothécaire quand même.

– Oui, effectivement, tout s'explique !

Satisfaite, elle nous fait alors un énorme bisou avant de nous conduire vers Joël qui se trouve au milieu du salon, entouré de ses amis.

Le jeune quinquagénaire est à l'image de sa femme. Souriant, les cheveux grisonnants, en tout cas le peu qu'il lui reste, et la barbe tout autant. Il respire la joie de vivre à des kilomètres.

Sa bonne humeur et son sens de l'amitié demeurent légendaires. D'ailleurs, le nombre de convives présents ce soir pour fêter son anniversaire en atteste. Il dirige depuis maintenant une trentaine d'années la menuiserie familiale et ses créations sont connues dans toute la région. Son magnifique travail lui a même valu de multiples prix. Il conserve la volonté d'écouter avec attention chacun de ses interlocuteurs pour mener à bien leur projet. Il a, de tout temps, privilégié la qualité à la quantité. Il prend aussi très régulièrement des apprentis sous son aile. Tous le quittent avec des bases solides et l'amour du travail bien fait. Certains sont d'ailleurs présents ce soir.

En tournant la tête, j'aperçois Marc et Élise en grande conversation dans un coin de la pièce. Tiens, je ne savais pas qu'ils se connaissaient. Je les observe un instant. Je rêve ou notre épicier use de son charme sur la jolie institutrice ! Situation inédite pour lui, je crois. À entendre ses éclats de rire, cette dernière semble y être sensible. Maintenant que j'y pense, leurs caractères se révèlent assez complémentaires. Je passe encore quelques secondes à les épier du coin de l'œil puis je les laisse à leur rencontre. Ce n'est sûrement pas le moment de les interrompre. Je reviendrai les saluer un peu plus tard.

D'ailleurs, mon cher et tendre s'agite devant le buffet en me faisant de grands gestes. Il semble avoir repéré des denrées appétissantes. Je le rejoins donc rapidement.

– Tu as vu Élise et Marc ?

Valentin ne comprend pas immédiatement. Je les lui désigne d'un mouvement de tête.

– Oui, et… ?

– Ça a l'air de plutôt bien se passer, j'insiste.

– Visiblement, ils discutent, rien de plus… Tout de suite, tu tires des plans sur la comète, tu ne peux pas t'en empêcher !

– J'avoue… À ma décharge, je souhaite tellement que mes amis soient aussi comblés que toi et moi.

– Alors comme ça tu es heureuse ? me répond-il avec une moue irrésistible.

– Oui, je suis même la femme la plus heureuse du monde.

Je l'embrasse à pleine bouche.

– Eh doucement, nous ne sommes pas seuls, grogne-t-il, faussement offusqué.

– Comme si cela te gênait !

Et je m'éloigne en lui mettant une claque sur les fesses. La tête qu'il affiche à ce moment précis m'arrache un immense sourire. La soirée continue paisiblement. Joël est très gâté et l'alcool l'a légèrement grisé. Il n'arrête pas de passer de l'un à l'autre de ses convives en les remerciant. L'ivresse le rend joyeux et ses éclats de rire deviennent plus sonores que d'habitude. De leur côté, les enfants s'amusent avec leurs copains. Léo fait fureur avec son sac à dos. Comme je l'avais imaginé, il y a placé quantité de trésors qu'il dévoile avec cérémonie devant ses camarades ébahis. Il sait ménager ses effets, car j'entends, d'où je suis, des « oh » et des « ah » de ravissement.

Un peu plus tard, je réussis à approcher Marc et Élise. Ils discutent toujours à bâtons rompus. Dommage ! Ainsi, aucune possibilité de les sonder. Ma curiosité ne sera pas satisfaite de si tôt, je devrai patienter. Mais point trop n'en faut. C'est décidé, j'appelle Élise pour qu'elle me raconte tout dès lundi ! Je ne m'éternise pas à leurs côtés, car je vois bien que ma présence les gêne, et il n'est pas dans mes habitudes de tenir la chandelle.

J'avise alors Constance, installée sur le canapé, qui commence à s'endormir.

Il est temps de partir.

Je fais signe à Valentin de nous rejoindre.

Léo râle un peu, car il s'amusait vraiment bien, mais très vite sa gentillesse prend le dessus et il nous suit sans broncher. Nous saluons et nous rentrons dans nos pénates. Par bonheur, demain c'est dimanche, et une grasse matinée nous tend des bras très accueillants.

Louise

19

« Aimer, ce n'est pas se regarder l'un l'autre, c'est
regarder ensemble dans la même direction. »
Antoine de Saint-Exupéry

Mes premiers rendez-vous de la matinée achevés, je
m'installe sur mon banc fétiche pour ma pause méridienne.
J'avale rapidement le sandwich acheté chez les Martin. Rien
ne vaut un succulent jambon beurre, réalisé dans les règles
de l'art, pour se rassasier.

Aujourd'hui, au menu de ma lecture, une épopée
fantastique d'une nouvelle écrivaine très prometteuse.
Découverte par hasard sur un groupe de discussion, j'ai été
séduite dès les premières pages par cet univers imaginé de
toutes pièces. Comme à chaque fois que je ressens un
véritable coup de cœur pour une œuvre, je suis tout à fait
happée par l'histoire et lâcher mon livre tient du sacrifice.

Lorsque je suis dans cet état, mon mari se moque toujours
de moi. En effet, je peux lire jusqu'au milieu de la nuit,
amenuisant par conséquent mes heures de sommeil.

Heureusement que tous les livres ne me font pas cet effet-
là ! Sinon, je serais constamment épuisée.
Je suis donc plongée dans ma lecture lorsque Odette
débarque et commence à me parler :
– Tiens, Louise ! Encore toi… Te revoir me fait plaisir !
Je lève les yeux d'un air hagard.

– Ouh là, tu viens juste d'atterrir ! Je te disais donc : tiens, Louise ! Encore toi… Te revoir me fait plaisir !

– Bonjour Odette. Oui effectivement, excusez-moi, j'étais totalement absorbée par mon récit et je ne vous ai même pas entendue. Je vais bien, merci. Et vous ?

– Moi comme d'hab, ça gaze !

Après avoir échangé quelques nouvelles sans importance, elle me demande avec un sourire :

– Alors, tu veux que je te raconte la suite de mon histoire ?

Sans la moindre hésitation, je lui réponds :

– Je suis tout ouïe.

– Tu peux me rappeler où je m'étais arrêtée, je sais que cela ne se voit pas trop, mais je suis quand même vieille !

– Vous me racontiez la première fois où vous avez embrassé Gabriel.

– C'est bon, je me souviens. Alors je disais : comme j'embrassais comme une déesse, le séduire fut d'une facilité déconcertante. Ce premier baiser lui avait visiblement plu, car il revint très souvent à la charge par la suite. Nous étions devenus inséparables. Je dormais le plus souvent chez lui le week-end, tu imagines bien que mon père ne voyait pas d'un très bon œil d'avoir un jeune couple sous son toit. Bien entendu, chacun dans sa chambre, partager un lit avant le mariage était déplacé à l'époque. Évidemment, nous attendions que ses parents dorment et nous nous retrouvions en cachette. Quant à mon père, comme j'étais sa fille chérie, je réussis à l'amadouer assez vite. Et quand il me proposa d'emmener Gabriel au camping, l'été suivant, je compris que la partie était gagnée. En même temps, mon amoureux l'avait jouée fine depuis des semaines. À chaque fois qu'il venait me récupérer, il s'adressait à lui de manière très respectueuse, avec une politesse sans faille. Je ne pense pas qu'il procédait sciemment, il s'avérait juste très bien élevé. Je peux t'affirmer qu'il se révélait beaucoup moins sage quand nous nous retrouvions que tous les deux. Mais ça, mon père ne devait surtout pas le découvrir. Il en aurait perdu le peu de cheveux qui lui restait. L'été suivant se révéla fabuleux. Au fil du temps, nous étions tombés éperdument amoureux. Alors que nos camarades enchaînaient les histoires sans lendemain, notre couple faisait figure d'exception. Entre nous, tout apparaissait si simple. Le lycée terminé, nous décidâmes de prendre un petit appartement ensemble pour nos études. Nos parents respectifs ne voyaient pas cela d'un très bon œil, mais comme l'époque amorçait la libération des mœurs, nous avions fini par les convaincre de nous laisser vivre notre vie. Je m'engageais dans un cursus d'anglais, lui de littérature, c'était son côté rêveur qui parlait. Les années filaient paisiblement. Bien sûr, nous avions envisagé un jour de nous marier, de fonder une famille, mais nous pensions que nous aurions tout le temps nécessaire pour franchir ces différentes étapes…

Odette vient d'interrompre brusquement son récit, intriguée par un homme qui se dirige vers l'épicerie « Au coin d'la rue ».

– Tiens, c'est qui ce petit vieux ? Je ne l'ai jamais vu, s'inquiète-t-elle.

Ayant suivi son regard, je lui réponds, amusée :

– Vous ne pouvez pas connaître tous les habitants de ce village !

– Oh que si ! Rien ne se passe ici sans que je le sache, réplique-t-elle d'un ton qui ne souffre aucune contestation. Je vais devoir mener ma petite enquête.

Elle se redresse alors pour continuer d'observer l'homme mystérieux et se tourne vers moi :

– Il s'est arrêté chez Marc. C'est donc par-là que je vais commencer mes recherches. J'attends qu'il repasse devant nous et je file. Il faut battre le fer tant qu'il est chaud.

J'essaie bien de rétorquer, mais, une fois de plus, cette mamie me prend au dépourvu.

Quelques instants plus tard, quand l'inconnu passe de nouveau devant nous, elle est au taquet.

– Bonjour, cher Monsieur, ravie de faire votre connaissance, formule-t-elle de sa voix la plus suave.

Ce dernier marmonne un bonjour inintelligible et s'éloigne rapidement.

– Eh bah, dis voir, il n'est pas très causant le gars. Cela me donne encore plus envie de découvrir son identité.

– Vous n'arrêtez jamais, Odette ! lui fais-je remarquer.

– Eh non ma fille, tu crois que je fais comment pour rester toujours aussi en forme à mon âge ? Allez, je te laisse, à la prochaine ! Je dois mener cette enquête et je n'ai pas une seconde à perdre !

Après son départ, je m'esclaffe toute seule. Comment peut-elle être capable de faire des entrées et des sorties aussi fracassantes ? Elle me donne presque le tournis avec son énergie débordante. Je suis persuadée qu'elle aura pléthore de nouvelles à me conter lors de notre prochaine entrevue. Sur ce, je termine mon chapitre avant de reprendre la route. J'avais besoin d'un peu de sérénité après cette déferlante d'excitation.

Hector

20

À la suite de l'étrange rencontre avec la vieille dame du banc, je rentre tranquillement chez moi. Cette situation m'a mis mal à l'aise. Je n'ai pas pour habitude d'être apostrophé ainsi. Ayant longtemps vécu dans une ville moyenne, je suis d'ordinaire, dans la rue, un anonyme parmi tant d'autres, particularité qui me convient parfaitement. Là-bas, on ne salue que les personnes que l'on croise chaque jour et non les inconnus. M'acclimater à cette nouvelle vie s'annonce ardu, car je viens de passer tant d'années avec ma solitude pour seule compagnie.

Cette dame semblait bien malicieuse. Je pense que l'intérêt qu'elle me porte risque de ne pas s'estomper de si tôt, pour mon grand déplaisir ! Je verrai bien et j'aviserai, en temps et en heure, de l'attitude à adopter lorsque la situation se représentera.

Je range mes courses minutieusement. Depuis l'enfance, j'aime que chaque chose se trouve à sa place. J'en ai viscéralement besoin pour me sentir bien.

À défaut, j'ai l'impression que mon cerveau reste en ébullition, qu'il n'arrive pas à se concentrer sur autre chose.

Je prends une rapide collation puis je m'installe dans mon fauteuil. Face à moi, la bibliothèque de mon père semble m'observer.

Tous ces livres qui ont vu passer les années, inlassablement, me racontent mon histoire et celle de ma famille.

Jeune garçon, je pouvais consacrer de longues minutes à choisir le prochain ouvrage pour notre lecture du soir. Je glissais d'abord les doigts le long des tranches, puis venait le moment où j'en saisissais un, le feuilletais, l'emportais ou le reposais pour en prendre un autre. J'aimais tout particulièrement, comme tous les enfants, ceux qui disposaient des dessins. En effet, même si j'arrivais aisément à me représenter les personnages, les lieux, les situations, j'appréciais que l'auteur m'offre sa vision personnelle de son œuvre, au travers des consignes qu'il avait données à l'illustrateur.

Je me souviens parfaitement que c'est ce qui m'avait séduit dans le livre que mon père avait acheté chez ce bouquiniste lillois. Les dessins étaient vraiment réussis. Les traits de crayon apparaissaient si précis qu'ils me plongeaient au cœur de cette aventure incroyable, comme si je la vivais à leurs côtés.

De retour de ma rêverie, j'attrape le précieux ouvrage déposé sur le guéridon tout proche et encore emballé dans son tissu turquoise. Je le dégage peu à peu, prenant tout mon temps, comme un vieil ami que l'on retrouve après des années de séparation.

Avant de l'ouvrir, je hume l'odeur si caractéristique de papier ancien, elle m'a toujours envoûté…

Ses pages à la tranche dorée sont certes quelque peu décalées, mais elles lui donnent également une honorable ancienneté. Les années y ont laissé des traces visibles, pourtant cela ne le rend pas moins cher à mes yeux.

Mon père et moi avions passé tellement d'heures de félicité à nous imprégner de cette histoire.

J'observe attentivement la couverture aux couleurs vives, je pars à la recherche des premières illustrations que j'apprécie tant. Quel doux plaisir de redécouvrir le jeune *Erik Horsebom*, le personnage principal de ce récit ! Immédiatement, je m'étais identifié à cet enfant, nous avions presque le même âge.

Comme moi, il se révélait réservé et discret. Je continue à tourner les pages. Bientôt, une nouvelle image montre la famille d'Erik réunie dans leur résidence spartiate. Malgré l'apparente simplicité de leur intérieur, on y devine un environnement chaleureux où la tendresse et l'amour unissent ses occupants. Cette scène m'avait toujours ému, car je ressentais dans mon foyer cette même complicité. Nos parents nous avaient élevés, mon frère et moi, avec un bon sens avéré et un profond respect mutuel, leur couple harmonieux constituant un merveilleux ciment.

Je décide de me replonger dans ce récit dont j'ai quelque peu oublié les détails. Néanmoins, à cet instant, tout se complique. Je parviens bien à déchiffrer quelques mots, mais le sens des phrases que je lis m'échappe complètement. Si je réussis au départ à rester calme, une sourde colère ne tarde pas à se faire entendre.

Je perds progressivement le contrôle, j'explose et pousse un grand cri.

Rien ne change !

Malgré les années, je me révèle toujours aussi incapable. Incapable de faire cette chose aussi simple, pourtant à la portée d'un enfant de six ans ! Je ne mérite décidément pas de tenir un tel trésor entre mes mains.

Dans un accès de fureur, j'écarte le livre d'un mouvement vif. Il s'écrase sur le sol avec un bruit sourd et je prends alors conscience de mon geste. Je me lève précipitamment, le ramasse avec le plus grand soin et le remets sur le guéridon.

Je sais pertinemment que me ressaisir sera difficile. J'ai besoin de prendre l'air. J'attrape mon manteau sur la patère avec nervosité. Il pleut, mais qu'importe. Je l'enfile et rabats la capuche. D'un pas décidé, je me dirige vers la cabane de jardin, je saisis la brouette et différents outils. Mes gestes sont brusques et je manque de me blesser avec le sécateur en le décrochant du mur. Les rosiers vers lesquels je me rends maintenant n'ont qu'à bien se tenir ! D'une main plus assurée, je commence à les tailler.

Au bout de quelques minutes de travail acharné, ma colère perd de son importance, je la sens se recroqueviller au fur et à mesure au fond de mon être.

Je réalise soudain que ma capuche a glissé et que mes cheveux sont trempés. J'aurais tout intérêt à bien me sécher en rentrant pour ne pas attraper froid. Je termine toutefois tranquillement ma tâche.

J'arrive enfin à prendre du recul et à analyser ce que je viens de vivre.

Mon illettrisme a toujours eu le don de me mettre hors de moi et je déteste que mes vieux démons ressurgissent.

Toute ma vie, j'ai caché cette faiblesse qui, pour moi, reste une véritable souffrance. Et cela faisait bien longtemps qu'elle ne m'était pas revenue ainsi en plein visage.

Odette

21

« Holmes, vous ne résoudrez jamais cette
enquête. »
Arthur Conan Doyle, *Sherlock Holmes*

Juste après le passage de l'inconnu, je me rue à l'épicerie. Comme Marc est occupé avec un client, je trépigne d'impatience, mais j'attends, presque sans souffler. Je dispose tout de même d'un minimum de savoir-vivre !

Il semble faire exprès de prendre tout son temps. Je le devine au rictus qui se dessine au coin de sa lèvre. Je ressens l'envie de le hacher en menus morceaux, façon puzzle. Mais je me maîtrise. Un peu plus et il se mettrait à rire franchement.

Avec une lenteur incroyable, en tout cas c'est mon ressenti, l'homme franchit le seuil de la boutique. Marc se tourne enfin dans ma direction :

– Ma chère Odette, ravi de te voir. Que puis-je faire pour ton service aujourd'hui ?

– Bonjour, Marc, c'est qui ce petit vieux qui est rentré chez toi il y a quelques minutes ?

– Quelle entrée en matière, dis-moi ! J'avoue que je ne le connais pas. J'ai bien essayé de le faire parler, mais c'était peine perdue. Il s'est montré plutôt renfermé.

– Nous avons eu la même impression avec Louise lorsqu'il est passé devant notre banc.

Marc m'observe attentivement. Qu'est-ce que j'ai ? Je ne me suis pas assez bien débarbouillée après mon déjeuner ? Louise ne m'aurait pas laissée me ridiculiser quand même.

– Et j'ai la sensation que tu ne vas pas en rester là. Tu as ton air de conspiratrice.

Rien de grave donc… J'enchaîne :

– Tu as bien raison. Mais pour le moment, je ne détiens pas l'ombre d'une piste. Il vient souvent chez toi ?

– Une à deux fois par semaine, mais nous n'échangeons jamais plus d'une dizaine de mots.

– Et tu sais dans quelle direction il repart ?

– Ah non désolé. Je n'ai pas pour habitude de suivre mes clients à la trace !

Agacée, je lui réponds :

– Tu devrais pourtant ! Et comment je fais, moi maintenant ?

– Facile, tu résous le mystère. Je suis persuadé que si c'était trop simple, tu n'en retirerais aucun plaisir. Je me trompe ?

Songeuse, je rétorque :

– Et non, tu as parfaitement raison. Mais du coup, je vais devoir dénicher d'autres témoins.

– Je te fais confiance, je suis persuadé que tu vas lever le voile sur cet inconnu. Sur ce, je ne te retiens pas plus longtemps, tu dois être très occupée.

– Exactement ! J'y vais. À plus, Marc !

Ce n'est que partie remise, s'il pense que je vais le laisser tranquille, il se trompe lourdement. À la réflexion, me connaissant, il sait que je ne lâcherai pas l'affaire avant de l'avoir résolue.

De plus, je suis persuadée que cet inconnu a également éveillé son intérêt comme sa curiosité.

Les jours passent et malgré toutes mes recherches, je n'apprends rien, pour mon plus grand déplaisir. L'homme mystère se révèle un véritable fantôme, aussi insaisissable qu'une anguille. Je décide donc de mettre en place la seconde partie de mon plan, la planque !

Quand Louise arrive ce jour-là, je suis déjà assise sur le banc. Je vois un sourire se dessiner sur ses lèvres. Il faut dire que je n'y suis pas allée avec le dos de la cuillère en termes de déguisement. Sur ma tête, un chapeau aux bords longs dissimule ma chevelure ramenée en chignon. Un imperméable crème me recouvre de la tête aux pieds. Enfin, des lunettes de soleil très larges me mangent la majeure partie du visage. La parfaite panoplie du détective !

– Bonjour Odette, alors cette enquête ? Elle avance ?

– Chut, je suis en mode incognito, ça ne se voit pas ?

– Si un peu. Mais là, vous vous faites plutôt remarquer !

– Ben non, je reste fidèle aux tenues des grands inspecteurs dans les séries policières.

– Celles des années soixante-dix, vous voulez dire ? Du genre *Derrick* ou *Columbo* ?

Pour qui me prend-elle ? Je hausse les épaules et réplique du tac au tac :

– Évidemment !

– Auriez-vous emprunté toute sa panoplie à l'Inspecteur Gadget ? Est-ce que Sophie va bientôt nous rejoindre ?

– Très drôle ! Moque-toi, vilaine !

– Et vous devez savoir que depuis on a établi des méthodes beaucoup plus discrètes ?

Je suis abasourdie et offusquée.

– Non, on ne fait rien de bien maintenant à la télévision. Mais oh, tu me cherches, gamine !

– Me permettez-vous une suggestion ? tente Louise timidement.

Je préfère ce ton plus bas, alors je m'adoucis. Je ne voudrais pas trop l'effrayer avec mon caractère de vieille bique.

– Mouais.

– Si vous laissez tomber ce déguisement, nul doute que vous passerez bien plus inaperçue.

Après un temps d'hésitation, je me décide à me lever pour enlever mon manteau et mon chapeau. Je porte en dessous une jolie tenue fleurie, tellement plus en rapport avec l'image que je veux donner de moi.

– Voilà qui est bien mieux, vous ne trouvez pas ?

– Sans doute, mais c'est surtout beaucoup moins marrant. Je m'aimais bien en inspectrice Mercier...

Tout à coup, j'aperçois l'homme mystère au coin de la rue. Louise me signifie de faire comme si de rien n'était. Elle pense que lui sauter dessus ne constitue vraiment pas la meilleure solution. Elle n'a pas vraiment tort. Il n'y a qu'à voir comment il s'est renfermé la dernière fois que nous lui avons adressé la parole.

Elle choisit donc de lui faire un signe de la tête au moment où il passe devant nous. Je fais de même, mais j'ai bien du mal à tenir ma langue.

Cela semble une bonne approche, car il nous salue de la même façon. Voilà un point de départ, ténu, certes, mais un point de départ tout de même.

J'en suis bien étonnée.

Alors qu'il s'éloigne, j'enchaîne :

– Dès qu'il repasse, je le suis ! je déclare d'un ton décidé.

– En toute honnêteté, je ne pense pas que ce soit une bonne idée, rétorque Louise.

– Ah oui ! Et quelle est la meilleure façon de procéder, mademoiselle je-sais-tout ?

Elle ne s'offusque pas de ma petite pique et poursuit tranquillement :

– Lui laisser le temps, par exemple, de nous adresser la parole. Nous devons juste être patientes.

– Mais je n'ai pas de temps à perdre, moi. Je ne suis plus toute jeune !

Louise essaie tant bien que mal de me faire prendre du recul et de limiter mon engouement. Comme je me révèle particulièrement têtue, elle me propose une autre approche :

– Cela n'empêche pas de poursuivre vos investigations discrètement. Vous allez sûrement trouver un indice qui nous servira ensuite pour pouvoir l'aborder sans le brusquer.

– Tu as peut-être raison, ma fille. Sur ce coup-là, je vais t'écouter. Mais il ne perd rien pour attendre.

– Me voilà ravie ! Vous me raconterez vos avancées la semaine prochaine, pendant notre goûter du mardi.

– Ça marche ! Tu ne devrais pas y aller ? Je ne voudrais pas te mettre en retard.

Louise jette rapidement un coup d'œil à son portable pour voir l'heure. Effectivement, elle constate qu'elle devrait être repartie depuis cinq bonnes minutes.

Louise

22

Nous sommes mardi et comme tous les quinze jours, je dois me rendre sur la place de Beaulieu pour la sortie de l'école. Comme je viens depuis plusieurs semaines, je commence à compter quelques habitués.

Je me demande si je verrai Timéo aujourd'hui. Je ne l'ai pas revu depuis la dernière fois. J'espère qu'il a apprécié le livre que je lui avais conseillé.

J'entends la sonnerie de la fin des cours qui retentit et une étrange sensation se répand dans mon corps. Pareille à une vague de nostalgie qui m'étreint. Avant de me lancer sur les routes, j'avais passé dix années à enseigner.

J'écoute les enfants sortir de leurs classes : les cris, les cavalcades… J'ai eu de très bons moments à leurs côtés, nous avons beaucoup ri, car ils se font souvent moins de soucis que les adultes.

Et pourtant, certains font preuve d'une maturité incroyable et nous remettent de temps à autre, avec raison, à notre place, en nous rappelant l'essentiel que nous perdons parfois de vue. Pendant plusieurs années, j'avais eu des grands, je veux dire des grands de l'école primaire, c'est-à-dire des CM1/CM2. J'aimais cette période particulière où ils n'étaient pas encore des adolescents, mais plus tout à fait des enfants. Ils appréhendaient les choses de la vie progressivement, voulaient souvent se faire passer pour plus âgés qu'ils n'étaient.

Quelquefois, dans la cour de récréation, ils venaient me parler de leur quotidien, de leurs petits chagrins. J'étais toujours émue de la confiance qu'ils m'accordaient en me racontant leurs secrets.

Alors que je suis perdue dans mes souvenirs, j'entends un enfant qui m'interpelle :

– Madame ?

Je me retourne et découvre le petit blondinet que j'attendais.

– Bonjour, Timéo, ça va aujourd'hui ? Je pensais justement à toi tout à l'heure et je me demandais si j'allais te revoir ce soir.

– Très bien, me répond-il avec un grand sourire. J'ai eu une super note à mon contrôle d'histoire !

– Toutes mes félicitations ! C'était sur quelle période ?

– Le Moyen Âge. Mais ça va, c'était pas trop dur !

– Parfait, alors !

Il hésite à continuer.

– Mais, ce n'est peut-être pas pour ça que tu viens me voir, n'est-ce pas ? Tu veux me parler du livre que tu avais choisi la dernière fois.

Il est un brin gêné, alors je l'aide un peu :

– Tu as réussi à le lire en entier ?

– Non, pas tout. Mais j'ai bien aimé les histoires que j'ai lues. Ma préférée c'est *Cadavre*, là où la maman du petit garçon retrouve des bouts de chair plein de sang partout dans l'appartement. Mais c'est pour de faux, hein ?

– Oui, bien entendu. Tu t'en doutais, non ?

– Mouais, mais j'avoue que ça m'a fichu un peu la trouille même si j'ai aimé ça !

Au loin, une femme lui adresse de grands signes.

– J'dois y aller, y'a ma mère qui m'attend. À la prochaine.

– Bien sûr, à très bientôt !

Les clients ne se bousculent pas ce soir. Logique à cette période de l'année, les gens regagnent la chaleur de leur foyer et la nuit tombe si vite. Je confesse qu'il me tarde de faire de même. Je me dépêche donc également afin de retrouver les miens au plus vite.

Je finis de remballer mes livres lorsque j'aperçois Élise qui franchit le portail de l'école. Brune, les cheveux longs, une silhouette fine et élancée, c'est une belle femme d'une trentaine d'années même si elle me semble légèrement fatiguée. Comme je n'ai pas encore eu le temps de l'appeler et que mon envie de savoir ce qu'il se passe avec Marc me titille, je l'interpelle pour qu'elle me rejoigne :

– Salut, Élise, contente de te croiser !

– Salut, Louise, tu ranges déjà ?

– Oui, il n'y a pas foule ce soir. Mais je vois le bon côté des choses, je rentrerai de bonne heure à la maison !

Je la regarde d'un air d'inquisitrice.

– J'ai l'impression que tu veux me demander quelque chose, n'est-ce pas ? m'interroge-t-elle.

– Peut-être bien !

– Allez, vas-y, ta question te brûle les lèvres.

Heureuse de sa proposition, j'enchaîne :

– Samedi soir, chez Joël et Suzanne, tu semblais en très bonne compagnie, n'est-ce pas ?

– J'aurais dû m'en douter ! Je suppose que tu parles de Marc ? Je te reconnais bien là, toujours aussi curieuse…

– Oui, mais, à ma décharge, tu sais à quel point j'adore les belles histoires, surtout lorsqu'elles concernent mes amies…

– Tout de suite, une belle histoire. Nous n'en sommes pas encore là ! Même si j'avoue que je me laisserais bien tenter…

– Raconte, vous aviez l'air de drôlement bien vous entendre.

– Effectivement, on ne peut rien te cacher : le courant est très bien passé.

– Si bien que vous n'êtes restés que tous les deux toute la soirée !

– Si tu veux vraiment savoir, tu ferais sans doute mieux de m'écouter plutôt que de m'interrompre toutes les deux secondes !

– Désolée, mon impatience me joue toujours des tours. Alors ?

Élise m'observe avec un sourire de connivence.

– Nous devons notre présentation à Suzanne. D'ailleurs, elle était très étonnée que nous ne nous connaissions pas. En même temps, je viens rarement à Saint-Georges comme j'habite de l'autre côté. Marc, lui, paraît consacrer beaucoup de temps à sa boutique. Je suis persuadée que si je l'avais déjà rencontré, je ne l'aurais pas oublié.

– Il est craquant, n'est-ce pas ?

– Ah, tu l'as remarqué toi aussi ! Mais il semble surtout vraiment gentil, qualité qui me plaît davantage. Tu savais qu'il passait ses vacances à parcourir des chemins de grande randonnée ? Il m'a raconté certains de ses voyages et ses récits m'ont donné très envie de le suivre… Je n'arrivais plus à décoller mes yeux des siens lorsqu'il me parlait. J'aurais pu y rester quelques heures supplémentaires… J'étais littéralement aimantée par son regard ! Mais une question me taraude et j'avoue ne pas avoir osé lui poser : a-t-il quelqu'un dans sa vie ?

– Pas à ma connaissance. En même temps, il s'est toujours montré très discret sur sa vie privée. Visiblement, tu commences à craquer pour notre bel épicier ! Est-ce que vous avez prévu de vous revoir ?

– Oui, en fin de semaine, je lui demanderai à ce moment-là. J'ai vraiment hâte et d'un autre côté, je me sens assez nerveuse, à l'image d'une collégienne avant son premier baiser. Cela fait belle lurette que je n'avais pas ressenti une telle attirance, et j'avoue que c'est très agréable.

– Je croise les doigts pour que tout se passe pour le mieux et surtout, n'oublie pas de me tenir au courant !

– Sans faute. Je vais devoir te laisser, une pile de cahiers m'attend pour mon plus grand désespoir ! me réplique-t-elle d'un ton consterné en me montrant son sac bien chargé.

– Je compatis. Comme je suis heureuse de ne plus avoir toutes ces corrections. S'il y a bien quelque chose qui ne manque pas, c'est cette corvée ! Je te souhaite beaucoup de courage.

– Merci. Bisous à toute la famille.

– Je leur transmettrai.

Et nous repartons chacune de notre côté. Je serais tellement contente que cela fonctionne entre eux, mais cela, seul l'avenir nous le dira !

Odette

23

« L'esprit oublie toutes les souffrances quand le chagrin a des compagnons et que l'amitié le console. »
William Shakespeare

J'ai appelé Louise la semaine dernière. Comme le temps se refroidit en ce mois de novembre, je lui ai proposé de venir déjeuner à la maison, pour notre entrevue hebdomadaire. Ce qu'elle a accepté sans hésiter !

Le jour dit, lorsque j'ouvre la porte, je n'arrive pas à lui cacher mon humeur mélancolique. Mes traits sont tirés, mes yeux rougis par le chagrin. Elle paraît comprendre que je ressens le besoin de me confier. Je sais que cela ne la dérange pas, car elle m'a affirmé adorer mes histoires. Elle pense même que je détiens un réel talent de conteuse. Si elle le dit ! Quoi qu'il en soit, me livrer m'apaise. Ainsi, mon fardeau semble moins lourd à porter.

Nous nous installons sous la véranda devant une petite table que j'ai dressée pour l'occasion. Je peine à entamer mon récit, car je suis très émue. À ce moment précis, mon enquête apparaît bien loin de mon esprit. Bien d'autres tracas obscurcissent mon esprit. Comment lui raconter cette partie si triste de ma vie ? Saurais-je trouver les mots sans me laisser submerger par ces douloureux souvenirs ?

Je me sens perdue. Heureusement, elle ne tarde pas à prendre l'initiative de la conversation :

– J'aimerais beaucoup connaître la suite de votre récit, m'annonce-t-elle timidement.

Je réplique alors d'un air maussade :

– Cela te fait vraiment plaisir ?

– Bien entendu, j'ai toujours adoré les belles histoires.

– Tu verras qu'à la fin, elle ne sera pas si belle que tu le penses, je bafouille, la voix tremblante d'émotion. Mais si elle t'intéresse réellement, je vais continuer.

Je me cale confortablement dans le fauteuil, je prends une grande inspiration et commence :

– Avec Gabriel, nous avons vécu des années fabuleuses. Tous les deux, nous avions mené à bien nos études. Même si nous nous amusions beaucoup ensemble, nous savions aussi nous montrer sérieux et fournir le travail nécessaire pour réussir. Tu imagines la fête que nous avions orchestrée lorsque nous avions obtenu nos diplômes respectifs. Je me souviens parfaitement du mal de crâne qui me vrillait la tête le lendemain matin. Je n'ai jamais renouvelé cette désagréable expérience, crois-moi. Quelques mois plus tard, je décrochais un poste d'assistante-traductrice, j'étais ravie. D'autant plus que pour mon amoureux, la route n'apparaissait pas aussi paisible. Il voulait être professeur de lettres au lycée et il avait déjà échoué une première fois au concours d'entrée. Ce contretemps lui avait vraiment mis un coup au moral. Même s'il ne disait pas grand-chose, je m'en rendais compte le soir quand je rentrais. Son regard se voilait progressivement d'une ombre de mélancolie. Lui, auparavant si enjoué, devenait chaque jour plus triste. Et moi, je me sentais tout à fait impuissante.

Pour ne pas arranger les choses, de leur côté, nos parents nous pressaient de nous marier. Pendant nos années d'études, ils s'étaient montrés tolérants, mais désormais, comme nous commencions notre vie d'adulte, ils ne comprenaient absolument pas notre réticence à franchir ce cap.

Certes, ce n'était pas l'envie qui nous manquait. Mais à ce moment-là, cette idée ne présentait pour nous aucun intérêt. Nous estimions simplement que nous ne nous sentions pas prêts. Ni l'un ni l'autre.

Notre amour au quotidien constituait, à lui-même, un engagement solennel, et il nous suffisait alors amplement.

Pour prendre un peu de recul vis-à-vis de toutes ces contraintes, j'avais proposé à Gabriel de passer nos premières vacances en tête à tête. Je venais de travailler une année entière et j'avais donc cumulé assez de congés.

Cependant, comme j'étais la seule à rapporter un salaire complet à la maison, notre budget était tout de même limité. Gabriel, lui, allait de petits boulots en petits boulots, pour pouvoir préparer sereinement son concours.

Nous avions eu envie de nous évader, d'être totalement dépaysés. Mon chéri venait d'étudier le récit de voyage de Pierre Loti intitulé *Au Maroc,* qui l'avait séduit. Gabriel m'avait fait rêver avec les descriptions enchanteresses qu'il m'avait lues. Je me souviens encore de ces mots si doux :

« C'est par une de ces nuits d'Afrique, douce, calme, rayonnante, lumineuse, comme on n'en voit jamais dans nos pays du Nord [...] L'air est rempli de senteurs suaves, très exotiques, et il y a sur toutes choses une tranquillité sereine qui n'est pas exprimable. »

C'était exactement ce dont nous avions besoin. Le voyage en avion s'avéra enivrant, tu te doutes bien que c'était la première fois que nous testions ce moyen de transport. Jusque-là, je ne savais pas que l'on pouvait ressentir en même temps de l'angoisse et de l'excitation.

Quelles sensations étranges que celles du décollage et de l'atterrissage !

Pendant deux semaines, nous avions vécu au rythme des Bédouins qui nous guidaient dans notre périple. Côté dépaysement, nous étions servis. Des dunes à perte de vue, seuls les bruits de la caravane nous tenaient compagnie. Les heures que nous passions à dos de dromadaire nous permettaient de laisser libre cours à nos pensées, quelle sérénité nous ressentions alors ! Aucune parole n'était nécessaire, le silence nous berçait et nous apaisait.

Le soir, nous partagions le repas avec nos guides, le sens de l'hospitalité de ces nomades se révélait fabuleux. Ce que nous préférions, c'étaient les couchers de soleil derrière les dunes. Nous nous installions confortablement sur un petit tapis, les genoux ramenés contre notre poitrine. Je penchais la tête sur son épaule et il me caressait les cheveux avec une telle délicatesse que j'aurais pu en fondre de bonheur. C'était juste magique.

Dans ces moments-là, nous nous disions que tout pouvait arriver et nous n'aurions même pas été surpris de voir apparaître *le Petit Prince* au sommet de l'une de ces montagnes de sable…

Je m'interromps brutalement. Je vois bien que Louise est captivée par mon récit, pourtant, je ne peux poursuivre. Depuis quelques minutes, ma voix vacille.

Je ne suis visiblement pas encore prête à raconter la fin de mon histoire. Cette détresse, qui affleure, serre ma gorge et étrangle mes cordes vocales. Je n'y arrive pas ! Louise semble comprendre que le dénouement s'annonce bien triste et que j'ai besoin de temps pour me livrer. Devant ma mine déconfite, elle murmure :

– Ça va, Odette ?

Mon silence l'inquiète.

– Oui, ma petite, ne t'en fais pas. Aujourd'hui… constitue juste un jour très particulier pour moi. Et j'ai toujours un mal fou pour contenir mes émotions ce jour-là.

Tu ne m'en veux pas si je laisse mon histoire en suspens pour le moment ?

Elle me rassure doucement. Cette jeune femme est vraiment adorable.

– Ne vous inquiétez pas, vous me la raconterez quand vous le souhaiterez. Rien ne presse.

Je pousse alors un soupir de soulagement. Comme je reste hagarde, elle prend rapidement congé. Elle doit ressentir qu'une partie de mon esprit est resté dans les dunes du Sahara. Elle sort donc, sans bruit, pour me permettre de terminer mon voyage intérieur en toute intimité.

Je lui suis réellement reconnaissante de cette attention. Parler de Gabriel et de sa disparition brutale me fend toujours autant le cœur. Je crois que je ne m'y ferai jamais vraiment. Il était la lumière de mes jours et sans lui, parfois, j'ai l'impression de vivre dans une obscurité sans nom.

Je prends conscience qu'en vieillissant, ces moments de nostalgie me submergent de plus en plus fréquemment. Est-ce l'apanage de l'âge ?

Mon plus grand regret reste de ne pas avoir pu lui dire, une dernière fois, à quel point je l'aimais, tout ce qu'il représentait pour moi.

De temps à autre, il m'arrive de lui parler, souvent lorsque mon chagrin se fait trop douloureux à porter. Je sors de ces moments si particuliers vidée d'avoir tant pleuré, mais somme toute apaisée. Comme s'il me donnait encore un peu de son amour pour me consoler, en tout cas, j'aime à le croire.

Louise

24

Le mardi suivant, je retrouve ma chère mamie et ses camarades pour le traditionnel goûter. Ce rendez-vous est devenu un véritable rituel. Semaine après semaine, je prends toujours autant de plaisir à rejoindre cette joyeuse troupe.

Notre rencontre se déroule systématiquement de la même manière. Notre discussion commence par les lectures en cours. Ayant appris à bien les connaître, je parviens plus aisément à cerner leurs envies. Je pense d'ailleurs que d'ici peu, je pourrais leur proposer des choix en dehors de leur zone de confort.

Élargir l'horizon de mes clients constitue une particularité que j'apprécie dans mon métier. Bien entendu, je ne gagne pas à tous les coups, parfois ils peuvent ne pas adhérer. Dans ce cas, je cherche toujours à en comprendre les raisons afin de pouvoir au mieux les guider par la suite.

C'est un peu comme choisir un cadeau pour une personne à laquelle on tient. Prendre son temps, réfléchir, fouiller pour enfin dénicher un présent que vous éprouverez autant de plaisir à offrir que le bénéficiaire à recevoir. J'adore voir la satisfaction se dessiner sur le visage de celui ou celle qui le déballe. Ce seul moment représente pour moi la plus belle des reconnaissances. Alors lorsqu'un client revient me dire qu'il a aimé l'ouvrage que je lui avais conseillé, un feu d'artifice de bonheur irradie mon cœur.

En observant Odette, je suis ravie de constater que son mal-être de la semaine précédente semble bien loin. Je m'en réjouis, même si je sais désormais que sa bonne humeur permanente cache quelques fêlures, visiblement très profondes. Elles me la rendent d'autant plus attachante.

Elle m'annonce qu'elle a mis tout le monde sur le pont pour son enquête sur l'homme mystère. Marie et Guillaume se sont portés volontaires pour laisser traîner leurs yeux et leurs oreilles. Seule Antoinette n'a pas l'air emballée par cette idée. D'ailleurs, je m'aperçois que j'arrive au moment opportun, car Guillaume nous apporte de nouvelles informations quelques instants plus tard.

– Tiens Odette, je crois que j'ai aperçu ton inconnu hier ! Je l'ai reconnu grâce à la description, fort précise, que tu avais établie.

Elle relève la tête d'un mouvement brusque, sa curiosité piquée à vif.

– Ah bon ! Et où donc ?

– Aux Pépinières géorgiennes. Vraisemblablement, il apprécie le jardinage.

– Tu ne possèdes pas plus de détails, car ce début de piste se montre bien maigre ! Qu'a-t-il acheté ?

En véritable commère, Guillaume a un sens très aigu de l'observation. Il peut donc répondre sans aucune hésitation à son amie.

– Du désherbant, un voile d'hivernage et quelques petits outils.

– Et tu lui as parlé ?

– Absolument pas, il semblait complètement perdu dans ses pensées.

– Je ne suis pas beaucoup plus avancée, rétorque-t-elle quelque peu dépitée.

J'interviens alors :

– Bien sûr que si, maintenant nous connaissons un de ses centres d'intérêt, nous disposons désormais d'une bonne manière de l'aborder la prochaine fois que nous le croiserons.

– Oui, tu as sans doute raison. En même temps, il faut bien commencer quelque part !

Je souris, car je reconnais bien là ma sacrée mamie. Ça, et sa capacité à passer du coq à l'âne à la vitesse de la lumière !

– Et ce jeu dont tu nous rebats les oreilles, nous le testons ou pas ?

– Je constate que tu ne perds pas le nord, s'amuse Guillaume.

– Et la tête non plus ! Je suis vieille, mais pas encore sénile ! lui répond-elle en lui faisant la plus belle grimace qu'il m'ait été donné de voir dans ma vie.

Guillaume attrape alors la boîte qu'il a posée sur un coin de la table.

– Cela s'appelle *TTMC,* c'est-à-dire *Tu Te Mets Combien.* Il s'agit d'un jeu de questions sur des thèmes classiques ou parfois complètement loufoques. Comme pour le jeu de l'oie, certaines sont des cases pièges à éviter à tout prix pour ne pas obtenir de malus. Il comporte quatre couleurs de cases et de cartes différentes avec des thèmes variés. Sur chaque carte, on trouve des questions de 1 à 10, les chiffres les plus petits correspondent aux plus faciles ; les plus grands, aux plus ardues. L'équipe qui joue doit annoncer combien de points elle s'attribue dans cette catégorie. En cas de bonne réponse, le pion est avancé du nombre de cases correspondant. Il existe aussi des cases bonus qui permettent d'avancer plus vite. Il se joue en équipe, la première qui a répondu correctement à la dernière carte remporte la partie. Relativement simple, n'est-ce pas ? En tout cas, dans le fonctionnement… dans les questions, vous verrez bien, nous glisse-t-il l'air facétieux.

Nous mettons quelques instants à constituer les équipes. Je me retrouve avec Guillaume, et les trois dames forment une équipe 100 % féminine. La première question posée par Marie nous met vite dans l'ambiance.

– Tu te mets combien en cure-dent ?

Devant mon visage interloqué, Guillaume rigole.

– Et encore là, ça va !

– Eh bah, dis donc, cela promet !

Marie s'impatiente :

– J'attends toujours votre réponse.

Après nous être consultés quelques secondes, nous déclarons en chœur peu convaincus :

– Trois.

– D'accord. Alors… donnez les deux fonctions principales du cure-dent.

Je pousse un soupir de soulagement, nous devrions nous en sortir. D'un commun accord, nous annonçons : « pour enlever quelque chose entre les dents et pour piquer des petits aliments, par exemple des saucisses pour l'apéritif ». Cette bonne réponse nous fait avancer de trois cases.

Nos adversaires répondent, avec brio, à une question sur les batraciens.

Très vite, les cartes et les fous rires s'enchaînent. Je découvre alors d'autres aspects de la personnalité de mes camarades. La mauvaise foi d'Odette (pourquoi ne suis-je pas étonnée ?), l'immense culture d'Antoinette, la simplicité de Marie et l'humour parfois grivois de Guillaume. Je commence vraiment à m'attacher à cette troupe de joyeux lurons. Même Antoinette semble devenir moins empruntée avec moi, j'en suis ravie. Je les quitte un peu à regret, après la collation que j'avais apportée (chacun son tour !).

Ce jeu m'a énormément plu, je crois bien qu'il se tiendra en bonne place sur ma liste au père Noël, cette année.

Louise

25

« Sois joyeux à Noël, mais sois reconnaissant ;
accueille tout le monde, homme riche ou croquant. »
Washington Irving, *La Nuit de Noël*

Décembre est là ! C'est l'un des mois de l'année que je préfère. Je raffole de cette effervescence d'avant fête, de l'esprit de Noël. Les décorations qui ornent les rues, les vitrines qui s'illuminent, les marchés et leur bonne odeur de vin chaud et de cannelle qui fait frémir nos narines…

D'ailleurs, l'un de mes rêves reste d'aller passer cette période aux États-Unis : tout y semble démesuré et je trouve toute cette frénésie carrément magique. New York semble l'endroit idéal pour cette découverte avec la patinoire et le sapin géant de Times Square, les pères Noël à chaque coin de rue…

La décoration de la maison constitue la première chose que nous réalisons quand décembre pointe le bout de son nez. Chaque année, lors du premier week-end du mois, toute la famille se lance dans ce projet particulier : faire rentrer la magie de Noël dans notre demeure. Les caisses sont remontées du sous-sol et nous les ouvrons toujours avec le même engouement. Comme nous possédons déjà de nombreux objets, nous nous sommes astreints depuis quelques années à une règle que nous respectons presque toujours. Chaque membre de la famille ne peut rajouter à notre collection déjà bien fournie qu'une seule pièce. Certes, comme les goûts de chacun restent très différents, le rendu se révèle très hétéroclite, mais un peu de chacun d'entre nous habille notre intérieur.

Le jour de la décoration arrive enfin. Pour pousser le kitsch jusqu'à son firmament, nous avons, la veille au soir, enfilé nos pyjamas aux couleurs bariolées. Cette année, le modèle lutin, vert et rouge avec la capuche au bout de laquelle tintinnabule une clochette dorée, a emporté l'unanimité des suffrages. Je vous rassure, nous avons tout de même fait l'impasse sur les pantoufles assorties, toutefois, dire que l'idée ne nous a pas effleurés serait mentir. Mais cela aurait fait un peu *too much*, même pour nous !

Après un copieux petit déjeuner, mon mari ayant pris le temps d'aller nous chercher des viennoiseries hier soir, nous prenons quelques minutes pour mettre au point notre plan d'attaque. Noël chez nous, ce n'est pas de la rigolade ! Léo et moi prenons en charge le salon et le sapin, pendant que Valentin et Constance s'occuperont du reste de la maison.

Tout est fin prêt pour le top départ ! Cependant, ma fille nous interroge, avec sa moue de coquine :
— Nous n'aurions pas oublié quelque chose d'important ?
Nous nous regardons tous les trois d'un air étonné. Soudain, mon mari s'exclame :
— Tu as raison, ma chérie, il manque la musique.
Valentin court donc rapidement glisser, dans la chaîne, une de nos nombreuses compilations de chansons traditionnelles.
Alors que Tino Rossi entame *Petit Papa Noël*, Constance pousse un soupir d'aise :
— Voilà, maintenant c'est juste parfait !
Exactement ce que je ressens : une journée merveilleuse de complicité débute, entourée des miens. Que j'aime vivre ces moments hors du temps !

Hier, nous avons dégoté un magnifique épicéa qui trône déjà dans le salon, acheté aux Pépinières géorgiennes où le choix se révèle toujours aussi imposant. Comme nous avons eu les yeux un peu plus gros que le ventre, le ramener jusqu'à la maison n'a pas été une mince affaire. D'ailleurs, les enfants ont passé le retour à se plaindre des épines qui les chatouillaient. Même si nous sentions bien, à leur intonation, qu'ils jouaient la comédie.

Notre arbre dégage cette odeur si particulière, celle des forêts de conifères où nous aimons nous promener. Nous vidons sur la table de salon le contenu de deux caisses préalablement sélectionnées : l'une avec les guirlandes et l'autre les petites décorations. Pour la première, la lutte s'annonce acharnée, car Constance en a aussi besoin pour la partie de la maison qui lui est dévolue. Elle se livre à un marchandage impressionnant avec son frère pour la répartition. Elle apparaît dure en affaires, mais Léo est malin et obtient cependant ce qu'il souhaite, en lui laissant croire que les décisions lui appartiennent.

Leur échange déclenche chez Valentin et moi des rires étouffés. Au bout du compte, comme le partage semble équitable, chacun y trouve son compte.

Avec les guirlandes bleues et argentées que Léo a gardées, nous décidons de donner à notre sapin une touche « Pôle Nord ». Des ours polaires munis d'écharpes bicolores (il est bien connu qu'ils sont frileux !) côtoient des sucres d'orge dans les mêmes tons.

De petits angelots complètent ce bel ensemble. L'avantage d'en posséder des tonnes : notre thème peut changer chaque année ! Je laisse à mon fils l'honneur d'aller placer la dernière pièce de notre arbre, l'étoile, la touche finale qui fait toute la différence. Comme il est perfectionniste, il prend de longues minutes à la placer et à la replacer jusqu'à ce qu'il soit pleinement satisfait. Dans ces moments-là, je me mets en retrait et je l'observe : j'adore le voir grandir et affirmer sa personnalité.

Dans le reste du salon, nous disposons des guirlandes LED lumineuses, car nous apprécions de regarder un film, pelotonnés les uns contre les autres, avec juste ces petites loupiotes allumées.

Nous installons ensuite les pièces les plus importantes. Notre préférée représente un renard polaire blanc et gris, dont les jambes s'allongent et se rétrécissent. Quand je l'avais vu en magasin, je n'avais pu résister. Mon enthousiasme avait été partagé par toute la famille qui l'avait adopté immédiatement. Il nous accompagne chaque année, c'est notre mascotte !

Pour finir, nous sortons le train de Noël Lego que Valentin m'a offert l'année dernière. Cela faisait si longtemps que je louchais dessus (je suis encore très petite fille parfois !). J'avais été très émue au moment du déballage, mon homme ayant le don merveilleux de me préparer de fabuleuses surprises.

Pendant toute cette installation, nous avons entendu Constance donner à son père les directives pour leur partie. Une véritable cheffe !

À plusieurs reprises, elle a même provoqué nos rires surtout lorsqu'elle lui a asséné : « *Papa, écoute bien parce que là, tu comprends pas !* » et lui de répondre : « *Je suis tout ouïe, ma chérie.* » Malgré son autoritarisme, elle reste très agréable, une véritable chipie, ça promet pour ses futures histoires d'amour !

À midi, notre maison est tout à fait parée aux couleurs de Noël. Nous nous laissons tomber au fond du canapé, harassés, mais fiers du travail accompli. Après un rapide repas, nous nous asseyons à nouveau les uns contre les autres pour regarder une belle comédie dont les chaînes de télévision nous régalent en ce mois de décembre. Nous en sommes complètement gagas !

Chacun, emmitouflé dans sa peau de troll laineux des montagnes, s'installe douillettement. Une peau de troll ? Eh oui, ce que vous appelez chez vous un plaid se nomme ici une peau de troll. Valentin nous avait expliqué, quand il en avait rapporté une pour chacun d'entre nous, qu'il avait dû affronter ces bêtes féroces et que, sorti vainqueur de ce combat, il leur avait pris leur précieux lainage.

Vous imaginez à quel point nos enfants avaient adoré cette histoire rocambolesque, comme moi, d'ailleurs.

Après cette pause douceur, je reprends le travail dès le lendemain. En cette saison, ma petite entreprise ne connaît pas la crise. Depuis plusieurs années maintenant, le livre représente un cadeau habituel, car, du feel-good à la littérature jeunesse en passant par le polar, il permet de faire plaisir aux amis comme aux proches. Mes clients réguliers savent aussi que j'aime leur faire découvrir de nouveaux auteurs très prometteurs. Ils viennent donc nombreux me demander des conseils pour réussir cette fête.

Entre les marchés et mes rendez-vous habituels, les semaines s'enchaînent et mon chiffre d'affaires commence à avoir fière allure, pour mon plus grand bonheur. La dernière manifestation avant la trêve des confiseurs est le marché de Noël organisé par Suzanne et Élise à la salle des fêtes.

J'arrive le vendredi en fin d'après-midi pour m'installer tranquillement. J'ai même prévu quelques guirlandes lumineuses pour éclairer mon auvent et quelques décorations pour égayer mes bacs de vente. Heureusement pour nous, le temps reste clément et, malgré un froid mordant, le ciel apparaît dégagé. Le marché de Noël ouvrira ses portes à 17 h 30, dès que le soleil sera couché. En effet, comme tous les ans, Élise réalise avec les enfants une retraite aux flambeaux. Ils partent de l'école et arrivent sur la place de la salle des fêtes avec leurs précieux fardeaux. Cette farandole qui serpente dans les allées est tout bonnement magique !

Une fois tout le monde rendu à destination, le maître des CP appelle les participants de la chorale pour leur prestation. Constance en fait partie. Elle répète les différents chants avec enthousiasme depuis plusieurs semaines maintenant. Elle s'impatiente, tout excitée, quand le professeur les invite à le rejoindre. Les élèves s'installent sur les marches de la salle des fêtes en fonction de leur taille et, après quelques cafouillages, ils sont fin prêts. Ils nous offrent alors un très beau moment de pure félicité.

À l'image des autres parents, je me tiens à proximité immédiate pour profiter de ce moment magique. Contrairement à d'autres, je ne regarde pas ma fille au travers d'un téléphone portable.

Je préfère faire confiance à mes yeux puis à ma mémoire pour garder ce tendre souvenir. Mon mari, de son côté, ne peut s'empêcher de capturer l'instant en prenant quelques photos, mais je ne peux pas lui en vouloir, chacun a le droit de vivre ces événements à sa façon. D'autant plus que je suis ravie par la suite de regarder les clichés qu'il prend. Je l'avoue, j'aime avoir le beurre et l'argent du beurre. On est tous un peu ainsi, non ?

À l'issue de ce joli concert et sans omettre de remercier l'ensemble des participants, Élise déclare ouvert ce marché de Noël d'un nouveau genre.

Comme nous avons beaucoup communiqué sur cette manifestation — entre les affiches et les annonces sur les réseaux sociaux, on peut même dire que nous avons inondé la totalité des canaux d'information — le public est nombreux ce soir. Constater que tout le temps que nous y avons investi est largement rentabilisé fait plaisir.

Je revois Timéo qui vient me saluer, accompagné de ses parents. Un peu plus tard, la jeune fille croisée au marché s'approche. J'apprends alors qu'elle s'appelle Isalys. Quel joli prénom ! Ravie de sa lecture, elle souhaite acheter la suite. J'espère qu'elle reviendra souvent. Comme quoi, à cet âge, des lecteurs chevronnés existent encore !

Suzanne me tient compagnie un moment. Je suis bluffée par le nombre de personnes qu'elle connaît. Pas une minute ne se passe sans qu'elle ne soit saluée par quelqu'un. De plus, grâce à sa parfaite connaissance de ses lecteurs, je lui dois, ce soir, d'innombrables ventes ! Elle méritera un gros câlin. Mais pas immédiatement, au milieu de cette foule, ce débordement d'affection ferait désordre.

Ce n'est que partie remise !

Vers 19 h 30, les clients se font de plus en plus rares. Les derniers restent surtout là pour discuter, se donner des nouvelles, ce marché apparaissant comme un lieu de rencontre agréable.

J'en profite alors pour proposer à mes collègues, Marc en tête, de partager un bon vin chaud pour clore cette belle soirée. Depuis plusieurs heures, je sens cette douce odeur de cannelle me chatouiller le nez, résister s'est révélé bien difficile. Nous nous retrouvons autour de ce pot de l'amitié. Tout le monde semble ravi de cette manifestation et les ventes ont, pour tous, été au rendez-vous. Nous décidons, unanimement, de reconduire l'événement l'année prochaine. Suzanne et Élise apparaissent heureuses, leur idée se solde sur une véritable réussite.

Au moment de nous séparer, je vois Marc glisser un bras autour du cou de mon amie et lui embrasser la tempe. Tiens, aurai-je loupé un épisode ? Le regard qu'elle me lance confirme mon hypothèse. Je lui adresse un immense sourire en retour, la magie de Noël a encore frappé !

Je les laisse donc à leur bonheur tout neuf et je m'esquive discrètement. Suzanne me rejoint aussitôt et je peux lui faire le gros câlin qu'elle mérite. Elle n'est même pas surprise, elle connaît depuis longtemps maintenant mon côté « bisounours ». Il ne me reste plus qu'à profiter, en famille, des quelques jours de congés que je me suis octroyée.

Hector

26

Jamais ces mots de Paul Verlaine n'ont pris autant de sens à mes yeux qu'en ce matin si triste. Depuis mon réveil, je me sens si vieux, terrassé par toutes ces années de solitude. Jusque-là, je survivais sans trop de dommages à cette période de fêtes. Même si, dans mon petit appartement blésois, tout était calme, la joie des voisins et les retrouvailles avec leurs proches me permettaient de profiter, par procuration, d'un peu de leur bonheur. Et cela me suffisait. Mais cette année, seul dans cette grande maison, aucun rire d'enfant ni musique entraînante ne vient amoindrir mon isolement et mon cœur se déchire.

Pour la première fois depuis une éternité, le chagrin me submerge et les pleurs, pendant de longues minutes, envahissent mes joues. La mort de mes parents, l'absence prématurée de mon frère, mon incapacité à passer outre ce problème que je traîne depuis plusieurs décennies maintenant. Quoi qu'il en soit, toutes ces larmes semblent avoir rompu une digue, comme si un verrou venait de se briser.

Est-ce que je veux réellement vivre les dernières années de ma vie dans un tel abandon ?

Sincèrement, je ne le pense pas.

Mais comment vais-je faire pour m'ouvrir aux autres ?

Je n'ai jamais été très doué pour les relations humaines. N'est-il pas trop tard pour apprendre ?

Toutes ces questions, qui me taraudent sans cesse, m'épuisent. Une fatigue inhabituelle a pris possession de mon corps et je passe de longues heures à dormir. Cependant, toute cette lassitude semble nécessaire pour franchir la prochaine étape. J'ai l'impression d'être un ours qui hiberne, profitant de la saison froide pour reconstituer ses forces.

Pour le moment, aucune envie ne m'étreint. La moindre tâche ménagère me pèse horriblement. Mais au fur et à mesure des jours, un nouveau désir s'insinue en moi. Je commence à me dire que je dois désormais reprendre ma vie en main. Je ressens l'intime conviction que ce petit village, celui de mon enfance qui plus est, constitue l'endroit idéal pour entamer un nouveau départ. Pourtant, je ne sais pas vraiment comment m'en sortir.

Le matin suivant, lorsque je passe devant la chambre de mes parents, je prends une décision radicale. Je sens que c'est par là que je dois amorcer ma renaissance : mettre en ordre toutes leurs affaires, afin de les laisser partir définitivement. Même si j'ai conscience que cette démarche sera douloureuse, mon instinct me souffle que je dois suivre cette voie.

Je file d'abord à la cuisine pour reconstituer mes forces. Je vais sans aucun doute en avoir besoin.

Je récupère ensuite des ciseaux et du gros scotch ainsi que les cartons laissés à l'entrée du grenier. Dans le panier à côté de la cheminée, je saisis une pile de vieux journaux qui servent habituellement à allumer le feu. Ils me permettront d'emballer, avec précaution, tous les objets à ranger. Je ne veux pas qu'ils s'abîment, si c'était le cas, je m'en voudrais affreusement. Armé de courage et de tout mon matériel, je pénètre dans la chambre.

Avant de débuter, je ne peux m'empêcher de me recueillir quelques instants. Je m'assois sur le lit recouvert d'une immense courtepointe en patchwork dont je dessine les différents reliefs du bout des doigts. Je me remémore alors les interminables heures que ma mère avait passées à la réaliser. Souvent, elle se plaçait non loin de la cheminée sur le petit sofa et cousait pendant que mon père lisait. Mon petit frère aimait se tenir près d'elle, à lui tendre le fil ou la paire de ciseaux dès qu'elle en avait besoin. Elle ne voyait pas la longueur de la tâche d'un mauvais œil, non, elle appartenait à cette génération qui savait que, pour mener à bien une entreprise, il fallait lui accorder le temps nécessaire. La satisfaction, devant le résultat de tant d'efforts, se révélait à la hauteur des heures qu'elle lui avait consacrées.

Rasséréné par les ondes positives qui m'entourent, je me lève et me dirige vers la coiffeuse de maman. Ses pots et ses brosses sont restés tels qu'elle les a laissés. Elle n'avait pas vu l'intérêt de les emmener à la maison de retraite. Après avoir enlevé la poussière qui les recouvre, je commence à les emballer un par un. Ensuite, je m'attelle à sa table de chevet.

Je récupère quelques mouchoirs blancs brodés, plusieurs livres de poche de romance dont les pages ont bien jauni.

Enfin, dans la grande armoire normande, je décroche délicatement les derniers vêtements qui s'y trouvent. Tout en haut, des draps immaculés occupent l'étagère. Je décide de ne pas y toucher pour le moment.

Dans le fond de la penderie, un sachet de lavande se balance. Je l'attrape et le porte à mes narines. Pendant de longues secondes, je me noie dans cette fragrance.

J'ai toujours adoré cette douce senteur. Ma mère avait pour habitude de placer, dans ces petits sacs, les fleurs à peine écloses pour qu'elles gardent leur parfum le plus longtemps possible. Le massif odorant de fleurs violettes dans le parterre, au centre de la pelouse, existe toujours. Je devrai en prendre soin au printemps afin de remplir ces sachets avec les nouvelles boutures. Enfin, je plie la couverture, la dépose dans le carton que je ferme. En m'appliquant, je trace les lettres qui composent le mot « Maman », l'un des seuls que je sais écrire. Ma matinée se termine en faisant de même avec les souvenirs paternels.

Après tout ce rangement, je me sens littéralement épuisé, mais soulagé. Je réalise avoir fait le premier pas vers le changement. Pour avancer, j'avais absolument besoin de mettre le passé en ordre. Voilà qui est fait et cela me procure, contre toute attente, un sentiment bien agréable.

« Le printemps, ma saison préférée où fleure une
transparence d'un renouveau si longtemps absorbé »
Sonia Lahsaini

Les semaines défilent et mars s'annonce déjà. D'ailleurs, les premières fleurs pointent le bout de leur nez. Je reprends, avec délice, le chemin de mon banc préféré pour ma pause méridienne. La douceur prend ses quartiers et le soleil printanier me tient compagnie.

Pour changer, une bande dessinée de Pénélope Bagieu m'accompagne aujourd'hui. Je n'avais pas résisté lorsque j'avais appris qu'elle mettrait en bulles *Sacrées Sorcières* de Roald Dahl. Son talent d'illustratrice couplé à la verve de l'auteur ne pouvait mener qu'à une belle réussite.

Quand ma chère Odette s'approche (j'avoue que, pour une fois, l'invitation vient de moi), je m'esclaffe toute seule. Je n'ai jamais su ou plutôt voulu contenir les émotions que me font ressentir mes lectures. Je ris, je pleure, je frissonne au gré des pages depuis toujours. Je ne m'imagine pas vivre la littérature autrement, je suis persuadée que vous voyez ce que je veux dire !

– Alors ma Louise, qu'est-ce qui t'amuse autant ?

Je lui montre alors ma BD, où d'affreuses créatures ornent les pages et je lui explique :

– Les sorcières se révèlent absolument hideuses et leur méchanceté s'étale sans commune mesure. Je raffole de la manière dont la dessinatrice les a représentées, elles apparaissent encore plus ignobles que dans mon imagination. Un véritable régal !

– Je ne connais pas, c'est quoi ?

– Au départ, un livre pour enfant. Je l'ai lu pour la première fois à cette période d'ailleurs. Mais il reste aussi savoureux à l'âge adulte, si l'on a gardé son âme rieuse. Cela devrait donc vous convenir. Si vous voulez, je vous le prêterai ?

– Avec plaisir. Moi qui n'ai jamais lu une bande dessinée de ma vie, ce sera une première !

– Et quelle première ! Vous m'en direz des nouvelles.

Nous étions tellement prises dans notre conversation que nous n'avons même pas vu l'homme mystérieux approcher. Nous levons donc la tête un peu précipitamment à son arrivée.

Surpris, il murmure un bonjour.

Tiens, c'est nouveau ça !

Il ose nous adresser la parole, cela me semble de très bon augure. Quand il repasse, chargé de son cabas de courses, il semble presque sourire, à croire que l'hiver lui a fait du bien. Alors qu'il s'éloigne, Odette se tourne vers moi, elle arbore sa bouille de coquine.

– Tu as vu, je me suis montrée sage comme une image, motus et bouche cousue !

– Oui, c'est impressionnant, comme quoi tout est possible…

– Mais dis donc, jeune fille, faudrait pas que tu te paies ma poire !

Je lui réponds en affichant l'air le plus contrit dont je me sente capable.

– Jamais je n'oserai.

Et de là, elle éclate d'un rire tonitruant. Avec elle, je ne sais jamais si c'est du lard ou du cochon.

– Je t'ai bien eue ! Tu aurais dû voir ta tête, c'était un délice.

Que puis-je rétorquer à ça ? Aucune idée, je préfère donc me taire.

– Bon, allez, j'arrête de te taquiner. N'empêche que l'on vient de passer à côté de notre animation du jour !

– Laquelle ?

– Celle de résoudre le mystère de l'identité de notre inconnu, tiens donc !

– Ah ça ! Je reste persuadée que ce n'est qu'une question de temps…

– Si tu le dis…

Et j'avais raison, les semaines qui suivirent me le prouvèrent. Nous avions commencé à lier connaissance avec l'insaisissable vieil homme. Ce qui nous avait permis d'apprendre qu'il se prénommait Hector. Un jour où nous sommes toutes les deux tranquillement installées en train de discuter de tout et de rien, nous le voyons ralentir devant nous.

Nous levons donc la tête vers lui :

– Bonjour Hector, quoi de neuf aujourd'hui ? s'enquiert Odette avec sa gouaille habituelle.

Il se trouve toujours un peu étonné par sa manière de s'exprimer, le mouvement de surprise de ses sourcils en atteste, mais il commence tout de même à s'y habituer, même s'il reste évident qu'il doit se faire violence.

– Bonjour, Odette, la salue-t-il. Puis se tournant vers moi la tête baissée, Louise. Je regardais les plantations, elles sont vraiment réussies avec toutes ces couleurs. Les jardiniers municipaux ont réalisé du beau travail, continue-t-il en montrant l'aménagement floral.

Son intérêt pour les plantes s'avère réel, Guillaume l'avait bien deviné, et c'est sur ce sujet qu'il devenait le plus prolixe. En même temps, les nombreuses réalisations du jardin lui donnent une source infinie d'inspiration. Il sait le nom de chaque fleur, de chaque arbuste.

– Oui, je suis tout à fait d'accord avec vous, d'autant que l'on commence vraiment à jouir des merveilleux parfums qui s'en dégagent, je renchéris.

Odette, qui rongeait son frein depuis belle lurette, veut profiter de cette discussion pour en apprendre davantage sur le bonhomme.

– Il y a peu de temps que vous vivez ici, n'est-ce pas ?

– Oui, effectivement, j'ai emménagé à l'automne.

– Et vous habitez loin ?

– Quelques rues derrière celle-ci, lui annonce-t-il, restant volontairement très vague.

La vieille dame, consciente de l'esquive, tente une autre approche.

– Et pourquoi le choix de notre petit village ? Ce n'est pas commun de voir arriver de nouvelles personnes, cela nous intrigue toujours beaucoup.

– Histoire familiale. Mesdames. Désolé, je dois vous abandonner, bonne journée à vous ! enchaîne-t-il très vite, nous laissant sur notre faim.

Il se relève, le visage complètement fermé et il reprend sa route sans un regard en arrière.

Étrange. Hector semble s'ouvrir à nous, mais dès que nous l'interrogeons de manière plus poussée, il devient distant comme s'il n'était pas prêt à ouvrir cette porte. Ce n'est pas la première fois que cela arrive, il doit sûrement dissimuler certaines choses. Pour le moment, avec le peu d'indices dont nous disposons, difficile d'en connaître la teneur. Pourtant mon instinct me souffle que le harceler de questions ne constitue pas forcément la meilleure solution.

Forte de cette intuition, les semaines suivantes, je mets en place une nouvelle stratégie. J'ai remarqué que l'impulsivité d'Odette l'amène à se retrancher dans le silence.

Alors, quand elle m'annonce que, pendant quelque temps, elle sera bien prise en raison d'un projet sur lequel elle s'est engagée avec Antoinette, je décide d'appliquer une méthode plus douce.

Je laisse à Hector l'initiative de la conversation. Invariablement, les premiers temps, il en revient toujours à me parler de ces chers végétaux. Cela ne me gêne en aucun cas, car ma mère ayant la même passion, je comprends son engouement et le plaisir qu'il en retire. Puis petit à petit, à partir de ses récits à propos de la remise en état du jardin familial, il commence à me raconter de ci, de là, quelques menus souvenirs. Il ne va jamais très loin, mais je réalise qu'une certaine confiance s'installe.

Je peux désormais lire dans ses yeux la flamme qui s'allume dès qu'il évoque ses parents. Visiblement, ils ont beaucoup compté pour lui. Le voir s'ouvrir peu à peu est très agréable et j'adore la douce voix grave avec laquelle il me conte ces quelques épisodes de son passé.

Louise

28

Le comité des fêtes organise chaque premier dimanche du mois de mai un festival qui réunit des artistes régionaux dont l'objectif est de les mettre à l'honneur ainsi que de leur permettre d'avoir davantage de visibilité. Nous en sommes désormais à la dixième édition et sa notoriété grandit d'année en année. « Les artistes en herbe » sont même devenus un lieu de rencontre privilégié pour nombre d'entre eux.

Quand Suzanne m'a proposé de gérer la partie littérature de ce salon, cette aubaine m'a ravie. Visiteuse lors des manifestations précédentes, passer de l'autre côté de la barrière m'impressionne.

J'ai commencé par contacter les habitués pour m'assurer de leur présence, vérifié qu'ils disposaient tous d'un endroit où loger, et recensé leurs besoins de transport pour aller de la gare à notre petit village. Ensuite, j'ai lancé des invitations aux nouveaux auteurs dont j'avais fait la connaissance dernièrement. À ma plus grande satisfaction, deux d'entre eux ont répondu favorablement à ma requête. Ce rassemblement me donnera l'occasion de les rencontrer en chair et en os après avoir échangé avec eux depuis plusieurs mois sur les réseaux sociaux.

Concernant mon commerce, ce festival représente une chance. En effet, seule librairie du secteur, je m'occuperai de l'ensemble des commandes. La pression s'avère immense, car je ne dois pas me fourvoyer sur les quantités, en aucun cas, les écrivains ne doivent pas manquer de livres à dédicacer ! Je me tourne vers l'une des festivalières historiques, Ingrid Kéralys afin d'obtenir de l'aide. Elle me rassure immédiatement et me prodigue de précieux conseils. Auteure de nombreuses romances, auto éditée par choix, elle a appris à tout gérer par elle-même. Cette particularité constitue une force, car elle connaît désormais les moindres ficelles du métier, elle apparaît donc comme une source inépuisable d'informations qu'elle partage avec une joie évidente.

Il va sans dire que j'ai mis toute la famille au travail. Le week-end dernier, le bus a subi un véritable nettoyage de printemps. Après les mois d'hiver, un bon décrassage s'imposait et à nous quatre, nous l'avons savonné dans tous les recoins.

Valentin a utilisé le jet d'eau pour le rincer, étant le seul assez grand pour atteindre le haut du véhicule. Vous vous doutez bien que cette situation a dégénéré et que nous nous sommes tous retrouvés dégoulinant de la tête aux pieds, et perclus de douleurs tellement nous avions sollicité nos abdos à force de rire !

Une fois calmés et rassasiés (se tordre de rire donne faim !), nous avons passé une partie de l'après-midi à préparer les porte-noms pour les tables des auteurs. Comme mon mari est très doué en dessin, il a réalisé sur chacun une fleur différente en pleine éclosion, pendant que Constance et moi avons inscrit les noms de notre plus belle écriture. Plusieurs essais furent nécessaires pour que le résultat corresponde à nos espérances. Lorsque je leur ai demandé s'ils voulaient m'accompagner la semaine suivante pour m'épauler, j'ai eu droit à un oui enthousiaste, formulé en chœur. Je suis ravie de partager ce moment en famille !

Le dimanche du festival arrive enfin. Valentin me rejoindra vers 10 h pour que les enfants ne fatiguent pas trop. Je prends donc seule le volant ce matin. C'est ma première manifestation d'envergure et je devrais être morte de trouille. Pourtant, comme je sais que tout a parfaitement été organisé, reste seulement une immense excitation. Je retrouve Suzanne et les autres bénévoles à l'entrée du terrain de foot où a lieu le festival. Les différents stands ont été montés la veille et j'aperçois déjà un certain nombre de personnes s'agiter autour de la buvette.

Dans ce type d'événement, elle représente le nerf de la guerre et surtout un moyen pour le comité des fêtes de le rentabiliser et de le pérenniser avec les bénéfices obtenus. D'ailleurs, même à ce stand, tout se veut local. Je ne suis donc pas surprise de retrouver mes camarades du marché qui viennent livrer leurs productions pour la journée. Le boucher avec ses rillettes, ses andouillettes et ses saucissons faits maison, le boulanger, ses baguettes délicieuses, le fromager, son chèvre frais cendré. Avec toutes ces odeurs fort agréables, je pense que je succomberai à un appétissant sandwich avant la fin de la matinée !

Une fois garée, je vois Suzanne qui approche, je l'accueille chaleureusement :

– Salut, ma belle, alors tout est prêt ?

– Je pense que oui, maintenant, à charge aux exposants de faire leur boulot. Je compte donc sur toi ! À quelle heure arrivent les participants ?

– Je leur ai donné rendez-vous à 8 h 30 pour un petit déjeuner, les dédicaces commenceront dès 9 h.

– Tu disposes donc d'un peu de temps devant toi pour t'installer confortablement.

– Oui, je me suis laissé un peu de marge. Pour ma première, je voulais que tout soit parfait.

– Je n'en doute pas. Et ne t'inquiète pas, tu vas assurer ! Désolée, je dois te quitter, on a l'air d'avoir besoin de moi là-bas, m'affirme-t-elle en regardant deux bénévoles qui semblent avoir une discussion assez animée un peu plus loin. Pas facile de jouer les chefs d'orchestre !

– Visiblement ! Ne les gronde pas trop quand même…

Elle s'éloigne en me faisant les gros yeux, ce qui ne manque pas de m'amuser.

Je reprends le cours de mon installation : l'auvent, comme les bacs, sont sortis et j'ai ouvert en grand la porte. Pour notre plus grand bonheur, le temps s'annonce superbe, j'ai donc prévu de beaux parasols colorés à mettre au-dessus de mes présentoirs, une touche estivale qui donne un aspect convivial à l'ensemble. Tout à fait l'ambiance que je veux créer pour recevoir mes clients ! Je suis bientôt prête, en tout cas, pour la partie librairie.

Désormais, je m'attelle à la préparation de l'accueil des auteurs. Suzanne a mis à ma disposition plusieurs tables, elles serviront autant à la petite collation prévue qu'à leurs dédicaces. Le boulanger vient de me livrer de nombreuses viennoiseries, ne reste plus qu'à disposer de quoi faire un thé ou en café. Je suis persuadée que, mieux ils se sentiront, plus ils auront envie de revenir ici.

D'ailleurs, j'en vois déjà certains qui approchent et viennent me saluer. Je leur montre leurs emplacements, remets à chacun le carton contenant leurs livres. Cette année, une dizaine d'écrivains ont répondu présents et tous les styles d'écriture sont représentés : du feel-good au fantastique, du roman historique aux récits de vie. J'espère que le public appréciera cette sélection.

Ils sont désormais tous arrivés et je leur propose donc de se regrouper. J'ai prévu de leur dire quelques petites choses, mais j'avoue être légèrement angoissée. Je n'ai jamais craint de m'adresser à une classe pleine d'enfants, mais les adultes m'ont toujours davantage impressionnée. Armée de la feuille sur laquelle j'ai écrit mon discours, je me tiens, fébrile, devant eux. Après quelques secondes d'hésitation, je me lance :

Mesdames, Messieurs,

Tout d'abord, je voulais vous remercier d'avoir donné une suite favorable à l'invitation que je vous ai envoyée. Le plaisir est grand de retrouver certains d'entre vous que je côtoie depuis longtemps déjà. (Je les vois sourire, c'est plutôt de bon augure et cela me rassure, alors je continue.) *Je suis heureuse de souhaiter la bienvenue aux nouveaux auteurs qui nous rejoignent cette année, Romane Beth et Sylvain Blanchepot.* (Je les désigne de la tête pour que les autres les identifient.) *Je leur souhaite une très belle réussite pour ce que je crois être leur premier salon et je me doute qu'en cas de questions ou d'angoisses, les anciens se feront une joie de les accompagner.* (Les regards que ces derniers portent sur les intéressés montrent que le message est bien passé et que cela coule de source.) *Comme la journée risque de traîner en longueur, je ne vais pas vous retenir plus longtemps et je vous invite à vous restaurer pour prendre des forces au vu du marathon qui vous attend.*

Très belle journée à tous ! N'hésitez pas à faire appel à moi aussi souvent que nécessaire.

Apparemment, mon discours a fait mouche, car je les vois applaudir. Je peux désormais me détendre et profiter de ce moment de calme pour régler les derniers détails d'organisation. J'entends au loin l'annonce d'ouverture des portes du festival. À partir de maintenant, je n'ai plus qu'à me laisser porter.

En milieu de matinée, Valentin arrive avec les enfants. Quelle drôle de sensation de voir toute ma petite tribu s'activer autour de moi ! Constance prend son rôle très au sérieux et accueille les clients avec son plus beau sourire (et Dieu sait qu'il est craquant !). Mon homme, de son côté, gère la caisse : affaire délicate en raison de l'affluence. Léo, lui, semble heureux de montrer sa capacité à porter les cartons de livres. En effet, certains auteurs rencontrent beaucoup de succès et un réapprovisionnement s'avère nécessaire. À chaque « Merci, jeune homme » qui lui est adressé, il redresse la tête, fier comme un paon.

Ainsi épaulée, je n'ai plus qu'à m'occuper de conseiller mes clients, tâche qui me passionne toujours autant après ces quelques mois passés dans mon nouveau métier. Cette reconversion était une riche idée, je me sens plus épanouie que jamais. Je suis tellement absorbée que j'ai presque failli manquer la présence d'Hector à proximité du libriobus.

Il semble très attiré par les sublimes fresques, qu'un artiste local a réalisées. Le Nautilus, au centre, ressort de la scène avec son jaune éclatant.

Il éclaire, à l'aide de puissants faisceaux lumineux, plusieurs scènes des *Voyages extraordinaires*. Sur la gauche, une fusée rejoint la Lune nimbée de bleu sur laquelle apparaît un portrait de Jules Verne. À droite, une montgolfière surplombe un éléphant transportant plusieurs passagers à l'allure aristocratique.

De l'autre côté, une pieuvre d'une taille impressionnante, dont les yeux sont chaussés d'une paire de lunettes, tient dans chacun de ses tentacules un livre ouvert. Sur la couverture de chaque ouvrage, une étiquette indique un style littéraire : feel-good, fantastique, jeunesse, récits d'aventures, nouvelles, poésie, théâtre, polar.

Au-dessus de chaque montant, en arc de cercle, le Nautilus, Voyage au cœur des livres, s'inscrit en lettres d'or.

Très absorbé par son observation, il ne m'entend pas arriver.

– Bonjour Hector, quelle surprise de vous rencontrer ici !

– Louise, bonjour, me répond-il en se tournant vers moi. Oui, j'ai entendu pas mal de bruit depuis chez moi alors je suis venu voir la raison de ce remue-ménage.

– Vous n'allez pas me faire croire que n'avez pas vu les affiches ! Nous en avons mis absolument partout, même chez Marc où vous allez régulièrement.

– Oh, vous savez, moi, ce genre de choses, je n'y prête guère attention !

Puis il fait à nouveau volte-face.

– Cet engin vous appartient ?

J'acquiesce de la tête alors il continue.

– Étrange que je ne l'aie jamais remarqué, il ne passe pourtant pas inaperçu. Et je ne savais pas que vous étiez libraire.

– Effectivement, je n'ai jamais dû avoir l'occasion de vous le dire.

– Comme vous vous trouvez souvent avec un livre dans les mains, j'aurais pu m'en douter.

Je lui souris et reprends :

– Pour le camion, rien de plus logique. Je le gare toujours sur la place, cet engin demande un peu d'espace de manœuvre. Et du banc où vous me croisez chaque fois, il n'est pas visible.

– Tout s'explique alors ! Il est magnifique.

– Merci beaucoup, votre intérêt me touche. Est-ce que vous aimeriez que je vous le fasse visiter ?

Je le sens hésitant. Ce que je comprends, car une véritable fourmilière se presse autour des bacs et j'ai cru deviner que la foule le tenait à bonne distance. Je lui offre une porte de sortie qu'il saisit immédiatement. J'avais raison.

– Si vous le souhaitez, je peux vous proposer une visite privée à votre domicile. Ça vous tente ?

Après quelques instants de réflexion qui me semblent très intenses, il me lâche un « pourquoi pas ». Nous fixons donc notre rendez-vous une quinzaine de jours plus tard. Voir où il vit me permettra d'apprendre à le connaître un peu mieux. J'espère ainsi comprendre pourquoi il arbore régulièrement ce voile de tristesse qui s'abat sur son visage buriné par le temps.

Sur cette idée, je retourne à ma boutique en plein air. La frénésie ambiante m'entraîne à nouveau très vite, laissant de côté mes dernières pensées.

À la fin de la journée, nous sommes tous les quatre exténués. D'ailleurs, Constance râle de plus en plus, la fatigue venant remplacer l'énergie débordante qu'elle a déployée jusque-là. Je commence à m'agacer également, Valentin l'a bien senti et m'indique qu'ils vont rentrer pour que je puisse tout finir de remettre en ordre. Il sait toujours ce dont j'ai besoin sans jamais avoir à le formuler, j'ai vraiment épousé un homme merveilleux. Pas un jour ne passe sans que cette évidence ne me saute aux yeux.

Les derniers auteurs encore présents m'aident à venir à bout de cette corvée. Je les remercie donc chaleureusement de s'être rendus disponibles, car pour eux aussi la journée s'est révélée éreintante. Nous nous quittons en nous promettant de rester en contact pour de nouvelles manifestations avant de prendre congé les uns des autres.

Louise

29

La semaine suivante, comme à mon habitude désormais, je me rends chez ma mamie préférée. Je suis surprise, car au moment de sonner, aucun éclat de rire ne filtre. Lorsqu'elle m'ouvre, j'en comprends vite la cause, Odette est seule. Marie et Guillaume ont profité des ponts de mai pour aller rendre visite à leurs trois enfants dans le sud de la France. Antoinette, de son côté, a un rendez-vous médical qui ne pouvait être ajourné. Elle m'accueille avec gourmandise me glissant à l'oreille un « ainsi, on pourra continuer à se raconter nos histoires de filles ».

J'avoue que j'ai surtout envie de connaître le dénouement de la sienne. Son interruption brutale, la dernière fois, m'a laissée sur ma faim et j'espère découvrir le fin mot de son récit. Cependant, comme je ne veux en aucun cas la brusquer, j'attends tranquillement qu'elle vienne à moi.

Notre rituel apparaît désormais bien huilé. Je lui fournis chaque semaine une sélection d'ouvrages. Cette fois-ci, j'ai eu envie de tenter quelque chose de différent.

Depuis un certain temps maintenant, elle m'affirme aimer la littérature osée, je l'ai donc prise au mot. J'ai apporté l'une de mes dernières trouvailles que je garde pour un public averti : *Nouvelles érotiques*.

Un beau papier, une couverture sur laquelle se dessine à l'encre de Chine une femme aux courbes avantageuses tout en sensualité, des auteurs anonymes, mais une écriture de qualité.

Tous ces détails m'ont séduite et je n'ai vraiment pas été déçue à la lecture, bien au contraire.

Je lui tends donc et je guette sa réaction.

Elle ne se fait guère attendre.

— Dis-moi jeune fille, tu commences à bien me connaître, me glisse-t-elle malicieusement.

— Je ne savais pas si je pouvais oser vous le proposer, cela me fait un peu drôle tout de même. Mais je me suis dit que nous n'étions plus des inconnues. Alors…

— Tu pensais me choquer, n'est-ce pas ?

— Oui, c'est vrai.

— Tu sais, ma chérie, il en faudrait bien plus que cela pour y arriver, figure-toi. Dans ma jeunesse, nous échangions clandestinement les œuvres érotiques du Marquis de Sade, alors tu vois, j'étais à bonne école. Sur beaucoup de points, nous nous montrions beaucoup moins timorés que vous !

— Du Marquis de Sade ? J'avoue que je n'ai jamais rien lu de lui. Je me suis arrêtée aux *Liaisons dangereuses* de Laclos.

— Alors là, ma petite fille, je me dois, par conséquent, de parfaire ton éducation. Ne bouge pas, je te rapporte de ce pas un exemplaire.

Je la vois se diriger d'un pas vif vers son immense bibliothèque.

Elle met quelques minutes à mettre la main sur l'ouvrage puis revient vers moi en brandissant un livre de poche aux pages cornées qui semble avoir bien vécu.

— On va commencer par *La Philosophie dans le boudoir*, et pour une fois, ce sera à ton tour de me faire un retour sur ta lecture. Ensuite, si cet ouvrage te plaît, je continuerai ton éducation sur le sujet, je possède un certain nombre de gourmandises dans mon escarcelle.

– Bien entendu, je n'y manquerai pas, je lui réponds avec un sourire.

– Toutes ces émotions m'ont donné faim, enchaîne-t-elle, se dirigeant vers la cuisine. Tu viens ?

Je la suis docilement. Je savais bien qu'elle pouvait encore me surprendre et cette conversation vient de me le prouver. En plus, cet intermède semble l'avoir vraiment mise de bonne humeur. C'est sans doute le meilleur moment pour tenter ma chance.

– Odette ?

– Oui.

– J'aurais aimé connaître la suite de votre histoire avec Gabriel, pourriez-vous me la raconter ?

Ses épaules s'affaissent tout à coup et sa gaieté la quitte soudain. Elle repose le gâteau qu'elle était sur le point d'entamer. Mince, j'ai sûrement me suis-je montrée trop abrupte, je n'aurais peut-être pas dû… Mais je la vois esquisser un petit sourire.

– Allez, je peux bien te le dire, tout ceci est tellement loin maintenant et pourtant, parfois j'ai l'impression que c'était juste hier. Et puis, comme tu dis, désormais on n'est plus vraiment des inconnues l'une pour l'autre. Alors, écoute…

— Quelques mois après notre excursion marocaine, Gabriel s'est plaint d'être fatigué. Je pensais, nous pensions que la mélancolie recommençait à le gagner. Les épreuves du concours approchaient très vite et ses heures d'études le laissaient épuisé. Il ne sortait plus beaucoup et son visage s'ornait d'une pâleur affolante. J'ai bien essayé de l'entraîner à l'extérieur d'autant plus que le printemps s'annonçait et la douceur de l'air appelait à de longues promenades. De temps à autre, j'y arrivais. Mais même alors, il semblait absent, me souriant si faiblement. J'étais désespérée. Je me disais qu'il devait sans aucun doute se mettre trop de pression pour son examen et qu'il irait mieux ensuite. J'ai donc pris mon mal en patience. Je l'aimais tellement, tu sais. Et lui aussi, il me disait souvent toute l'affection qu'il avait pour moi. Notre amour me permettait de garder la tête hors de l'eau. Fin mai est arrivée et il a pu passer ses écrits avec succès. J'étais si fière de lui, sa persévérance avait payé. Les oraux étaient fixés quelques semaines plus tard et ensuite, ce serait, pour lui, la délivrance. Pourtant, il ne les a jamais passés.

À ce moment-là, Odette marque un temps d'arrêt et me regarde. Des larmes perlent au coin de ses yeux. Je sens que je ne vais pas apprécier la fin de son récit.

Elle pousse un grand soupir et poursuit la voix chevrotante d'émotion :

– Il n'a pas pu les passer, car quelques jours avant la date fatidique, tandis que nous nous promenions dans un parc pour profiter de la douceur de la fin de journée après un après-midi très chaud, il s'est effondré brutalement. Je ne savais comment réagir alors j'ai appelé à l'aide.

Des promeneurs ont réussi à prévenir les pompiers. Lorsque l'équipe de secours est parvenue sur les lieux, il était déjà trop tard. J'ai appris par la suite que c'était son cœur qui avait lâché, d'où sa fatigue depuis plusieurs semaines. S'il avait consulté un médecin, comme je l'y avais invité à plusieurs reprises, cela ne serait certainement pas arrivé. Il me rassurait en me disant que c'était juste une grande lassitude, rien de plus, qu'il ne fallait pas s'inquiéter. J'aurais dû…

Sa voix se brise, je m'approche d'elle et pose ma main sur son bras avant de murmurer :

– Odette, je suis tellement désolée. Puis-je vous demander comment vous avez réussi à surmonter cette épreuve ?

– Je t'avoue que je ne le sais pas réellement. Le temps a vraisemblablement fait son œuvre. Chaque matin, l'étau autour de mon cœur semblait se relâcher davantage. J'ai fonctionné en mode pilotage automatique pendant de longs mois. J'avais l'impression de vivre à côté de mon corps, de n'être qu'un fantôme. En le perdant, je me suis retrouvée amputée de ma moitié. Une part de moi-même est morte avec lui ce jour-là. L'amour aussi. Jamais, je n'ai pu à nouveau ressentir ce sentiment pour personne. Ce que nous avions vécu avait été si fabuleux que rien n'aurait pu l'égaler. Je peux t'avouer que j'ai tout de même vécu de multiples aventures, je n'étais encore qu'une toute jeune femme, mais je me suis toujours lassée très vite et aucun n'a su me retenir. Cela m'a permis de voir le monde et de reprendre goût à la vie. Antoinette, aussi, s'est révélée d'un grand secours. Elle est pour moi une amie fidèle depuis l'enfance et je pense que sans son affection, je ne m'en serais pas sortie. Lorsque tu es venue l'autre jour, c'était le jour de l'anniversaire de Gabriel, d'où ma mélancolie. Tous les ans, à cette date, je lui rends visite au cimetière, car il est enterré ici, près de moi, et je lui raconte ma vie.

C'est ma façon de lui rendre hommage, à ma manière. Ainsi, il reste toujours un peu à mes côtés.

Je suis très émue par son récit et je lui suis reconnaissante de m'avoir confié son histoire. Je n'imagine pas la douleur qui serait la mienne si je perdais Valentin. Il est pour moi ce que Gabriel représentait pour Odette : mon équilibre, ma moitié.

Sans lui, la vie, ma vie n'aurait plus de saveur. Rien que d'y penser, mon palpitant s'affole. Que j'admire sa force de caractère que je comprends mieux désormais.

– Quelle tristesse ! Raison qui explique sans doute que vous ne possédez pas de photos dans votre maison ?

Ne m'en veuillez pas, je l'ai remarqué lors de ma dernière visite.

— Oui, je préfère garder ces souvenirs au creux de mon cœur avec tout le vague à l'âme qui s'y attache et profiter du temps présent. Aujourd'hui, je me sens heureuse, j'ai bien vécu et j'espère disposer de belles années devant moi, car je ne suis pas encore prête à partir !

— Je l'espère aussi, car votre vivacité représente pour moi un véritable bonheur. Votre énergie me donne confiance en l'avenir !

Elle sourit à ma confidence.

— Sur ce, si l'on finissait notre goûter, ce n'est pas tout, mais remuer le passé creuse l'estomac. Et il est temps, désormais, de le laisser reprendre sa place.

Après avoir englouti plusieurs muffins, nous nous séparons. Je suis surprise lorsqu'Odette me claque une bise bruyante sur la joue.

Mais il est vrai qu'aujourd'hui, nous avons franchi une étape supplémentaire dans notre amitié. Plus je la découvre, plus elle m'attendrit. Je réalise en sortant que j'ai omis de lui dire que j'avais rendez-vous avec Hector. Ce n'est que partie remise…

Louise

30

Ce midi, je me plonge dans le livre qu'Odette vient de me prêter. Son titre, *La Philosophie dans le boudoir* apparaît bien vague pour avoir une idée précise de ce qui m'attend. Quoique la couverture, représentant des corps nus enlacés, en donne clairement la mesure maintenant que j'y prête attention. Les dix premières pages me laissent sans voix. Dire que le propos est osé est presque loin de la vérité. La série des *Cinquante Nuances de Grey* fait presque pâle figure à côté. Finalement, un banc ne constitue peut-être pas le meilleur endroit pour découvrir cette littérature.

Alors que je range l'ouvrage dans mon sac, j'aperçois Hector qui s'approche. Je suis bien contente qu'il ne m'ait pas surprise avec le roman dans les mains, je pense qu'il m'aurait vue devenir rouge pivoine !

– Bonjour, Louise, vous êtes seule aujourd'hui ?

– Oui, Odette m'a prévenue qu'elle arriverait un peu plus tard, lui répondis-je.

Il semble soulagé, et poursuit :

– J'ai jeté un coup d'œil en passant sur la place, et j'ai vu que votre camion y était garé. Ses fresques sont vraiment grandioses. J'ai cru reconnaître plusieurs des aventures de Jules Verne, je me trompe ?

– Non, vous avez raison. Son nom aussi, « le Nautilus, Voyage au cœur des livres », lui rend hommage.

– Si je peux me le permettre, pourquoi un tel choix ?

– C'est très simple. Mon mari et moi sommes vraiment entrés dans la littérature grâce à cet auteur, il est notre premier grand amour. Alors, au moment de trouver un nom et une enseigne à ma librairie, ce fut une évidence. Mais, nous devons à Benoît, un artiste local, ce résultat si merveilleux. Il a su intégrer mes souhaits comme toile de fond à ses peintures, et il y est même parvenu au-delà de mes espérances.

– Je comprends, votre véhicule m'a complètement replongé en enfance la dernière fois que je l'ai vu. Ce bond en arrière d'une soixantaine d'années s'est avéré très surprenant.

À ce moment précis, Hector jette un coup d'œil sur sa montre.

– Mince, je dois m'affoler, Marc ne va pas tarder à fermer. Ce fut un plaisir de discuter avec vous, Louise. À bientôt.

– Au revoir, bonne journée !

Odette surgit quelques instants plus tard en râlant :

– Ah, aujourd'hui, chez la coiffeuse, nous avons eu le droit à une véritable enquiquineuse. Sous prétexte qu'elle était vieille, v'là t'y pas qu'elle s'incruste, qu'elle passe devant tout le monde et s'impose comme si elle était la reine d'Angleterre. Non, mais, t'y crois, toi ? La patronne n'a pas osé la remettre à sa place, mais tu te doutes bien que moi, ce n'est pas le genre de détails qui m'arrête.

– J'imagine bien ! je lui réponds en souriant, car je commence à connaître le sacré caractère de cette chère Odette.

– Je peux te dire qu'après, la comtesse douairière, elle n'en menait plus très large…

– Je vois parfaitement la scène… Et maintenant, ça va mieux ?

– Oui, c'est bon, je me calme. D'ailleurs, ce n'était pas Hector que j'ai vu passer au loin ?

– Si, c'était lui, on a discuté un instant.

– Du nouveau pour notre enquête ? Parce que pour le moment, hormis son amour des parterres, on n'a pas appris grand-chose.

– Oui, nous avons profité de votre absence pour faire plus ample connaissance.

– Ça, c'est une manière polie de me dire que je gênais, me rétorque-t-elle l'air offusqué.

– Odette, avouez tout de même que vous pouvez vous montrer abrupte quelquefois.

Je la vois lever les yeux au ciel, mais je ne me dégonfle pas et poursuis :

– Pour quelqu'un de réservé comme Hector, cela peut être un tant soit peu déroutant, non ?

– Oui, sûrement. Mais au moins, mon absence t'a-t-elle permis d'avancer dans notre enquête ?

– Un peu. Pour le moment, il ne m'a raconté que de menues histoires. Mais j'ai bon espoir qu'il se livre davantage. D'ailleurs, j'ai rendez-vous chez lui la semaine prochaine.

– Chez lui ? Tu as son adresse ?

– Dans mon carnet, dans le libriobus. J'avoue que je ne me souviens plus précisément. Vous voulez que j'aille voir pour vous dire ?

– Non, ne t'inquiète pas, tu me le diras la prochaine fois. Et tu m'établiras un rapport circonstancié, exige-t-elle sur un ton très autoritaire.

– Sans faute, mon commissaire, je conclus sérieusement du monde.

Hector

31

« Il n'y a guère de secrets divulgués que ceux que l'on divulgue soi-même. »
Mary Sarah Newton, *Journaux et souvenirs*

Comme prévu, je me dirige vers l'épicerie, fais quelques emplettes et prends le chemin du retour. En marchant, je laisse mes pensées divaguer. Et si c'était elle ma solution, ma lumière au bout du tunnel ?

Maintenons que nous conversons régulièrement, je réalise à quel point elle se révèle sympathique. Lorsque je lui parle, elle m'écoute patiemment, me questionne. Mes propos semblent toujours l'intéresser. Il y a bien longtemps que personne ne m'avait montré une telle attention.

Je commence même à croire, aussi incroyable que cela puisse paraître, que je pourrais lui faire confiance au point de lui avouer mon secret. D'ailleurs, j'ai lu l'empathie dans son regard. Ne dit-on pas que les yeux constituent le miroir de l'âme, qu'ils ne peuvent mentir ? Oui, je me sens définitivement prêt à franchir cette nouvelle étape, alors même que je suis mort de trouille.

Lorsque Louise arrive pour notre rendez-vous, je suis assis sur le perron de la maison, perdu dans mes pensées. Comme mon terrain est grand, elle parvient facilement à se garer.

Je l'accueille avec un sourire las :

– Bienvenue, Louise.

– Merci, Hector, vous m'attendiez ?

— Non, j'étais bien occupé, je lui déclare en désignant l'un des massifs de fleurs. Je viens juste de terminer, je me reposais un peu. Est-ce que je peux vous offrir quelque chose à boire ?

— Oui, volontiers.

Elle me suit à l'intérieur. Je la vois détailler la décoration. Immédiatement, ses yeux sont attirés par l'immense bibliothèque aux élégantes boiseries.

— *À priori*, votre passion ne semble pas se limiter aux végétaux. Vous paraissez être aussi un très grand lecteur, quelle collection impressionnante ! J'en suis tout à fait jalouse.

Je ne peux m'empêcher de rétorquer d'un air renfrogné :

— Non, pas vraiment. En réalité, ce n'est pas la mienne, mais celle de mon père.

— Mais vous pouvez maintenant en profiter, n'est-ce pas ?

Je réplique dans un murmure :

— Non, je ne peux pas.

Ma réponse semble l'intriguer. Elle réfléchit puis complète :

— Pourquoi ne le pouvez-vous pas ?

Je ne sais pas quoi lui répondre, devant mon hésitation, elle continue sur sa lancée :

— Vous ne savez pas ?

— Si, mais ce n'est guère évident à avouer.

Là, je baisse les yeux. Je me demande bien ce qu'elle pense de mon attitude. Saisit-elle ce que j'essaie de lui dire à mi-mot ? Ressent-elle, en moi, ce profond sentiment de honte ? Un certain temps se passe avant qu'elle ne reprenne la parole. Je peux presque entendre les rouages de son cerveau établir un diagnostic de ce qu'elle commence à comprendre. Sur un ton d'une rare douceur, elle poursuit :

— Vous n'aimez pas lire ?

— Si, pourtant. Mais… c'est la lecture qui ne m'aime pas.

Voilà, tout est dit !

Du moins si elle parvient à saisir ce que je veux lui faire comprendre bien maladroitement.

Je n'ose pas lever les yeux vers elle. J'ai si peur d'apercevoir de la pitié dans son regard. Pourtant, comme elle n'ajoute rien, je redresse doucement la tête. Sur son visage, je ne vois, à mon grand soulagement, rien d'autre que de la compassion.

Son attitude me rassure légèrement.

— Ainsi, vous ne savez pas lire ?

Je suis soulagé qu'elle ait intégré cette information aussi vite alors je lui explique :

— Oui, j'ai bien essayé, mais je n'ai jamais été très doué. Et le peu que j'avais appris, maintenant je l'ai complètement oublié.

— Mais comment avez-vous fait toutes ces années ?

— Dans mon enfance, je demandais souvent à mon père de me faire la lecture, prétextant que j'adorais sa manière de lire. Ce qui était vrai en soi, il y mettait tellement d'intention que les histoires vivaient au travers de ses paroles. Plus tard, je trouvais toujours une bonne raison pour l'éviter. Par exemple, comme j'étais ouvrier dans une grande usine, s'il y avait une note de service à déchiffrer, je tâchais de me salir les mains et je réclamais à l'un de mes collègues de m'en rendre compte à voix haute. La presbytie et l'oubli de mes lunettes devinrent une excuse plus que commode dès que j'eus atteint une cinquantaine d'années.

— Et aujourd'hui, pourquoi me l'avouer ?

— Car je réalise maintenant que mon secret m'a fermé aux autres toutes ces années et je ne souhaite pas finir ma vie dans la solitude. Cette perspective m'effraie au plus haut point.

Elle prend quelques instants de réflexion, puis enchaîne :

— Est-ce que je peux vous faire une proposition ?

— Oui, bien sûr.

— Avant d'être libraire, j'enseignais. Des cas comme le vôtre, j'y ai déjà été confrontée même si mes interlocuteurs étaient, certes, beaucoup plus jeunes. Cependant, si j'ai bien retenu une chose, c'est qu'il n'est jamais trop tard pour apprendre. Voudriez-vous que nous essayions d'y parvenir ensemble ?

– Ma foi, je n'ai rien à perdre en tentant l'expérience, mais je suis un élève très récalcitrant, vous savez. Nombre de professeurs s'y sont cassé les dents.

– Ce n'est vraiment pas le genre de détail qui me rebute. La seule chose réellement importante est l'envie d'y arriver. Alors l'avez-vous ?

– Oui, je pense.

Je me tourne vers le vieux fauteuil en cuir et vers le guéridon où se trouve l'exemplaire de *L'Épave du Cynthia* que je prends dans mes mains. Je m'approche d'elle et explique :

– Cet ouvrage constituait le plus grand trésor de mon père. Il l'avait remisé au grenier bien enveloppé et à l'abri de la lumière pour le protéger. Il y a quelques mois, lorsque je l'ai ouvert pour retrouver ces mots qui m'avaient tant fait vibrer quand j'étais enfant, je n'ai pu comprendre ne serait-ce que la première page. Cette prise de conscience m'a accablé, et je me suis mis très en colère contre moi.

– Contre vous ?

– Oui, je suis un imbécile de ne pas savoir lire. Tous les enfants du cours préparatoire en sont capables.

– Oh non, détrompez-vous, ce n'est pas si simple que cela et souvent de bonnes raisons empêchent d'y arriver. Mais peu importe, ne remuons pas le passé et consacrons-nous à l'instant présent. Vous semblez avoir réellement envie d'y parvenir et là réside l'essentiel.

– Vos paroles m'apaisent, Louise, vous vous montrez vraiment très gentille.

– Merci, mais je ne conçois surtout pas que vous ne puissiez pas profiter de tous ces magnifiques ouvrages, reprend-elle en embrassant du regard la bibliothèque, nous allons devoir former une véritable équipe de choc pour relever le défi.

– Vous me donnez envie, on commence quand ?

– Ah, voilà la bonne attitude ! Laissez-moi le temps de mettre la main sur mon agenda et je vous donne mes disponibilités.

– En attendant, je vais chercher les boissons. Avec toutes ses émotions, nous n'avons toujours rien bu et mon gosier commence à s'assécher, car je n'ai pas l'habitude de parler autant.

Je reviens avec un grand pichet de citronnade. Entre-temps, elle a retrouvé son agenda.

– Je peux donc vous proposer de venir le jeudi de 14 h à 16 h. Cela vous convient-il ?

– Bien entendu, ce n'est pas comme si j'étais débordé.

Elle paraît étonnée de me voir aussi guilleret. Mon secret pesait on ne peut plus lourd, je suis plus serein désormais.

La chape de béton semble enfin s'être délogée de ma cage thoracique. Je suis vraiment ravi de la tournure que prennent les événements. Une fois nos boissons terminées, elle m'invite à visiter sa librairie ambulante comme promis. Cette vision m'émerveille et j'imagine tout à fait le sourire de mon père devant un tel chef-d'œuvre, dédié à son auteur fétiche. Avant de nous quitter, je la remercie chaleureusement. Aujourd'hui représente le premier jour du reste de ma nouvelle vie, et je me sens plus que prêt à en profiter au maximum.

Louise

32

« Avoir l'esprit de famille, c'est aimer se retrouver parmi les siens, non pour s'y enfermer, mais pour y prendre des forces afin de mieux s'ouvrir aux autres. »
Janine Boissard, L'Esprit de famille, tome 1

En ce week-end de fin mai, nous ne risquons pas de nous ennuyer. En effet, samedi, Constance fêtera ses sept ans, entourée de ses amis et elle sera dimanche en représentation de cirque. Autant vous dire que depuis quelques jours, elle s'avère absolument survoltée. Oui, oui, encore pire que d'habitude. Je suis sûre que vous voyez très bien ce que j'insinue…

Mercredi, nous sommes allés faire le plein de boissons, de sucreries et de cotillons. Elle souhaitait que la maison soit parfaitement décorée aux couleurs des licornes arc-en-ciel, rien que ça ! Nous avons donc dû faire preuve d'imagination. À l'aide de plusieurs rouleaux de papier crépon de différentes teintes, nous avons réalisé de gigantesques guirlandes. Nous avons même réussi à confectionner un véritable arc-en-ciel avec des ballons grâce à l'ingéniosité infinie de Valentin. Ses yeux ont étincelé de bonheur lorsqu'elle l'a découvert.

Elle a sauté au cou de son père et lui a affirmé :

« Tu es vraiment le plus fort des papas, et je t'aime jusqu'à la Lune. »

Mon mari s'en montre très ému, il adore ses débordements d'affection.

La maison est prête pour accueillir les huit camarades que Constance a conviés lorsque je rentre du marché samedi matin. Sur la table du salon trônent déjà les saladiers acidulés remplis de friandises ainsi que les sachets à bonbons licorne. Valentin et moi avons prévu une chasse au trésor et même Léo a voulu participer. Afin que Constance puisse jouer, nous lui avons caché les énigmes. Elle essaie bien d'en savoir davantage au cours du repas, mais nous tenons bon ce qui ne manque pas de la faire bouillir.

Dès le début de l'après-midi, les premiers invités se présentent. Ma fille les accueille, un par un, avec ce grand sourire dont elle détient le secret. Lorsqu'ils sont tous là, nous leur expliquons les règles de la chasse au trésor. Ils devront résoudre, par équipe de deux, les différentes énigmes disséminées dans la maison. Chacune leur rapportera, s'ils y parviennent, un mot mystère. Tous les indices retrouvés permettront d'indiquer, au bout du compte, l'emplacement du trésor.

Dernière consigne : attendre quelques minutes que nous allions dans notre repère respectif. Valentin dans notre chambre, dans le noir, juste éclairé d'une lampe torche. Moi dans celle de Constance sous la tente de princesse, Léo dans la sienne où il a construit un véritable repaire de pirates. D'ailleurs, pour se mettre davantage dans la peau de son personnage, il a enfilé un bicorne et caché son œil droit sous un bandeau.

Très vite, les enfants se prennent au jeu et les rires fusent dans toute la maisonnée. Constance fait équipe avec sa copine Chloé. Elles font la course en tête au coude à coude avec le duo de garçons, Antoine et Félix. Des cris d'effrois retentissent dès qu'un nouveau binôme pénètre dans la chambre. Mon mari prend, sans surprise, un malin plaisir à leur faire peur. Lorsque c'est le tour de ma fille, je l'entends maugréer un « *mais papa, quand même !* ». « *Comment ça ? Depuis quand les grands n'ont-ils pas le droit de s'amuser eux aussi ?* » grommelle-t-il.

Au bout d'une bonne demi-heure, les premiers ont résolu l'ensemble des énigmes. Je les invite donc à aller jouer dans le jardin pour permettre aux derniers de terminer tranquillement. Dix minutes plus tard, la joyeuse troupe s'apprête à dévoiler la phrase mystère : « Au fond du jardin, derrière le buisson bas, le trésor tu trouveras. » Les enfants se précipitent tous à l'endroit indiqué et je les vois revenir avec une jolie caisse enrubannée aux couleurs pastel, leurs visages reflétant la joie la plus sincère.

Ses amis laissent à Constance l'honneur de défaire le nœud et d'ouvrir la boîte. Elle se révèle pleine de surprises (balles rebondissantes, paquets de cartes, bonbons en tout genre et cotillons). Ils s'en donnent à cœur joie et nous pouvons donc nous reposer, quelques instants, avec Valentin et Léo. J'avais oublié à quel point s'occuper d'enfants tout un après-midi était éreintant !

Comme ils sont absorbés par leur jeu, je me tourne vers mon mari.

– C'est sûrement le moment de l'installer, qu'en dis-tu ?

– Oui, je m'en charge, je reviens.

Quelques instants plus tard, il me fait signe que tout est en place. Je regroupe donc ma troupe de joyeux trublions.

– Constance, nous t'avons réservé une dernière surprise, veux-tu la découvrir ?

Les yeux de ma fille s'illuminent et elle saisit promptement la main que je lui tends. À son entrée dans le salon, elle aperçoit une *piñata* licorne accrochée à une poutre.

– Waouh, trop génial !

Son père lui donne alors le bâton qui servira à frapper pour ouvrir le ventre de la créature magique et lui affirme :

– Je crois que tu vas avoir besoin de ça !

J'ajoute en plaçant un masque sur ses yeux :

– Et de ça aussi. Ensuite, je vais te faire tourner plusieurs fois sur toi-même afin que tu ne saches plus où tu es. Ensuite, tu devras nous écouter pour savoir où frapper. Est-ce que tu es prête ?

Léo se tourne alors vers les camarades de Constance et renchérit :

– Connaissant ma sœur et sa délicatesse, vous feriez mieux de vous éloigner !

Cette pique de son frère provoque instantanément chez elle un grognement. Puis au gré de nos « à gauche, à droite, tu refroidis, tu chauffes », elle parvient à percer la *piñata* et une nouvelle pluie de présents lui tombent dessus sous ses éclats de rire. Étant donnée la force employée pour arriver à ses fins, le contraire aurait été bien étonnant. En quelques minutes, tout ce que contenait la licorne a trouvé place dans les poches des enfants. Léo, lui-même, en a bien profité si l'on se fie au renflement de celles-ci.

– Allez, maintenant, lavage de mains pour tout le monde si vous voulez manger le gâteau.

Le cupcake géant, en forme de licorne bien entendu, est vite englouti et tous retournent jouer dans le jardin jusqu'à l'arrivée de leurs parents. Une fois le dernier petit invité parti, nous nous laissons tomber sur le canapé. Nous sommes complètement éreintés. Léo nous rejoint et fait de même en soupirant « ah ces enfants, qu'est-ce qu'ils peuvent être fatigants ! », ce qui nous arrache un tendre sourire. Il a toujours la répartie qu'il faut, une qualité héritée de son père sans aucun doute.

À ce jeu-là, je me révèle beaucoup moins douée.

Constance déboule alors dans le salon en criant :

– C'était vraiment trop chouette, merci, merci, merci !!!

Nous nous regardons tous les trois incrédules. Où peut-elle puiser toute cette énergie ? C'est absolument ahurissant. Et demain, nous repartons pour un tour, mais heureusement, ce coup-ci, nous ne jouerons le rôle que de spectateurs. Ouf !

Le lendemain matin, nous sommes à nouveau frais et disponibles. Ce qui est plutôt une bonne chose, car la maison doit être rangée, toute chamboulée par la présence la veille de tous ces enfants. Vers 11 h 30, c'est chose faite et nous pouvons alors nous délasser dans la bibliothèque avant le spectacle de l'après-midi.

Deux heures plus tard, nous prenons la route de Crénom, village voisin où Constance s'initie aux arts du cirque pour la deuxième année. Vêtue d'un justaucorps turquoise et d'une jupette multicolore en tulle, notre fille reste décidément dans son thème licorne arc-en-ciel ce week-end. Elle a choisi elle-même sa tenue, comme nous l'indique son professeur. Elle a opté cette saison pour le trapèze, une discipline qui demande de l'agilité et du courage.

Je suis littéralement subjuguée lorsque je la vois évoluer plusieurs mètres au-dessus du sol. Sa prestation m'impressionne d'autant plus que je suis sujette au vertige et je suis convaincue qu'à sa place, je serais bien incapable du moindre mouvement. Mais ma fille, elle, enchaîne les rotations sans marquer une quelconque hésitation. Valentin et Léo apparaissent tout aussi éberlués. Émerveillés, nous la regardons terminer son numéro, des étoiles plein les yeux.

Elle nous rejoint ensuite pour assister au reste du spectacle puis s'esquive pour le salut final.

La représentation achevée, elle nous déclare, encore sur la piste :

– Maintenant, je crois que je suis bien fatiguée !

Comme quoi, tout arrive ! Même si nous commencions à penser qu'elle avait des pouvoirs surnaturels...

Louise

33

Cette journée s'annonce très particulière pour moi. Cet après-midi, Valentin et moi partons en week-end. C'est la première fois depuis près d'un an et j'avoue mon impatience. Ma mère, comme à son habitude, prend le relais auprès des enfants pour que nous puissions en profiter au maximum. Mon mari a tenu à garder secrète la destination de notre escapade.

Pour seuls indices, j'ai découvert ce matin, sur ma table de chevet, un post-it indiquant les essentiels à mettre dans ma valise : des chaussures de randonnée, un maillot de bain, une robe habillée et une serviette de plage. Je raffole de l'attente qui précède ces départs.

Depuis des années maintenant, nous nous délectons de ce jeu mystère. Aucun de nous n'a jamais cherché à savoir ce que l'autre lui réservait, le résultat se révélant toujours à la hauteur de nos espérances.

Je me tiens prête lorsque Valentin arrive pour le déjeuner. Impatients, nous engloutissons notre repas et nous nous installons sans plus tarder dans la voiture. Ces moments en amoureux restent rares alors il n'y a pas une seconde à perdre. Mon mari me demande de garder les yeux fermés afin de préserver le suspense tandis qu'il entre notre destination dans le GPS. Là aussi, bonne joueuse, je me plie à cette règle. J'aime imaginer au fur et à mesure de la route notre lieu d'arrivée.

À chaque tentative de déduction, il répond invariablement par un « hum » ou à un « peut-être… », l'objectif restant, bien entendu, de m'en dire le moins possible. De temps à autre, je l'observe : ses traits rieurs me font toujours autant craquer, les sourires qu'il m'adresse, quittant la route des yeux quelques instants, m'enflamment. Alors que les kilomètres défilent, je m'aperçois que nous remontons vers le nord-ouest. Si j'en crois mes observations, nous nous orientons vers la Bretagne ou la Normandie, deux régions que je chéris particulièrement. Leurs paysages de landes, leurs côtes escarpées, leurs maisons si typiques nous offrent en général de magnifiques randonnées.

Notre passage près d'Évreux me fait pencher pour la Normandie. Hypothèse vérifiée lorsque, à Rouen, nous bifurquons vers la côte. Et là, tout à coup, je comprends et me tourne vers mon mari :

– Nous n'irions pas à Étretat par hasard ?

– Possible… Qu'est-ce qui t'y fait penser ?

– Disons que ce n'est pas comme si j'en parlais tout le temps en ce moment, comme je découvre avec délectation les aventures d'*Arsène Lupin*.

– Ah, vraiment ? Mais bon, tu sais bien que je ne t'écoute jamais, je ne risque pas d'avoir saisi une telle information au vol !

Pour seule réponse, je lui tire la langue et lui offre la plus belle grimace dont je me sente capable.

Quelque temps plus tard, nous franchissons bel et bien le panneau d'entrée de ville. J'avais donc tout à fait deviné, le jeu de dupe de mon mari ne m'avait en aucune manière convaincue. J'aperçois déjà les gigantesques falaises de calcaire à l'arrivée sur la promenade : le paysage se révèle en tout point grandiose. Notre hébergement se situe juste sur le front de mer, la vue de notre fenêtre se révèlera sûrement à couper le souffle. Comme à son habitude, il m'a vraiment gâtée. Quelle chance inouïe d'avoir déniché un homme aussi attentionné ! Comme quoi, mesdames, les perles rares existent encore. Alors, ouvrez grand vos mirettes…

La réceptionniste nous escorte jusqu'à notre chambre. Nous déposons nos bagages, enlevons les chaussures et, comme à chaque fois que nous partons tous les deux, nous vérifions, en nous allongeant sur le lit, la qualité de la literie. Primordial pour un week-end en amoureux, vous en conviendrez ? Je me blottis contre lui et l'embrasse avec tendresse pour le remercier de cette magnifique surprise. Alors que je range tranquillement mes affaires, Valentin m'informe qu'il descend un instant à la réception. Je ne sais pas du tout à quoi m'attendre. Avec lui, tout reste possible !

Il revient satisfait de sa course et plonge la tête la première dans son sac. Il en sort alors un livre que je reconnais immédiatement, car il provient de ma bibliothèque.

– Tu ne m'avais pas dit que si un jour tu allais à Étretat, tu voudrais apporter *l'Aiguille creuse* ?

– Tu penses vraiment à tout.

– Je suis juste exceptionnel, rien de plus…

– Pour une fois, je confesse que je suis parfaitement d'accord avec toi.

Je lui offre, dans un baiser langoureux, tout l'amour que je lui porte, car aucun mot ne serait assez fort pour l'exprimer à ce moment précis. Il met fin à cet instant de pure douceur en me disant :

– Je suis persuadé que tu rêves d'aller te promener sur la plage.

– Cela va de soi.

– Alors, zou, dehors, on y va !

Une trentaine de mètres à peine séparent l'entrée de l'hôtel de la promenade. Nous nous retrouvons donc rapidement à marcher sur cette magnifique étendue de galets aux couleurs si belles avant de nous asseoir pour écouter le bruit des vagues. Que ce bol d'air marin nous apaise ! Les cris des goélands accompagnent cette agréable langueur qui nous saisit. Dans nos vies où tout va toujours trop vite, ces instants d'éternité s'avèrent si précieux. Pelotonnés l'un contre l'autre, nous demeurons silencieux. Nous ne connaissons que trop bien nos sentiments respectifs. Cette connexion, nous l'avions eue dès les premiers mois de notre rencontre et elle n'a jamais disparu.

Un peu plus tard, l'envie d'une douche se fait ressentir après ces quelques heures de voiture et nous reprenons le chemin de l'hôtel. Valentin insiste pour y aller en premier. Soit, il doit sûrement avoir une bonne raison. J'en profite donc pour saisir mon livre et je commence la nouvelle aventure d'*Arsène Lupin* que je me réservais pour cette occasion très spéciale. Puis, la salle de bains me revient. L'eau chaude qui coule sur mon corps se révèle un véritable délice dont j'abuse largement. Rien de mieux pour vous délasser après une longue journée.

Alors que je me sèche, il me semble entendre des bruits de vaisselle dans la chambre. Tiens, étrange… Je comprends immédiatement lorsque j'ouvre la porte. Mon mari a fait dresser une magnifique table où trônent deux plats sous cloche.

– Le moment d'enfiler ma belle robe est arrivé, n'est-ce pas ?

– Effectivement. Parce que si tu restes comme ça, murmure-t-il en désignant mon corps nu, je ne pourrai pas attendre le dessert.

Face à ses yeux de braise, je comprends aisément son sous-entendu. Je m'exécute, docile, car j'avoue avoir une faim de loup. À présent que je suis vêtue, il me tire la chaise en parfait gentleman puis prend place à son tour.

– Je me suis dit que les moules à la normande te feraient plaisir, qu'en penses-tu ? m'annonce-t-il en soulevant la cloche.

– Merveilleuse idée. Et toi, qu'as-tu pris ?

– Un dos de cabillaud avec des légumes de saison.

– Très appétissant aussi ! Merci, mon amour.

– Tu sais bien à quel point j'aime te rendre heureuse, m'affirme-t-il avec un sourire éclatant.

– Oui, et tu es vraiment doué pour cela !

Le reste de la soirée s'avère absolument délicieux, comme chaque fois que nous nous retrouvons en tête à tête. Le soleil, qui filtre sur les côtés des rideaux, nous réveille tranquillement au matin. Nous sommes en pleine forme pour notre aventure de la journée, une magnifique randonnée qui nous conduira jusqu'à l'aplomb de l'Aiguille creuse avant de nous diriger vers le phare d'Antifer.

Il est donc essentiel de prendre des forces, ce que nous permet le petit déjeuner pantagruélique qui s'offre à nous. La première montée risque d'être difficile tant nous lui avons fait honneur ! Quelques instants plus tard, nous voici d'attaque : nos chaussures de rando aux pieds, la casquette vissée sur la tête, les gourdes remplies et quelques provisions dans le sac à dos.

Le temps semble doux ce matin, ce qui constitue plutôt une aubaine, au regard du dénivelé qui nous attend pour atteindre la porte d'Aval. Nous risquons d'avoir vite chaud. Je sens déjà mes muscles qui s'échauffent et l'air marin qui emplit mes poumons d'un effluve iodé. J'adore cette sensation. Il est encore tôt et nous croisons peu de promeneurs. Cette randonnée me fait un bien fou, j'ai l'impression d'évoluer complètement hors du temps. Maintenant que j'y pense, ce sentiment apparaît très proche de celui que je ressens lors de mes lectures. Mon mari m'observe avec tendresse, il affectionne ces marches tout autant que moi. C'est d'ailleurs lui qui m'y a initiée quelques années plus tôt. Depuis, je peux difficilement m'en passer. J'aime ce rapport à la nature, marquer une pause afin de profiter du vol plané du goéland dans le vent, me pencher pour regarder une fleur que je ne connais pas. Prendre le temps de vivre demeure une nécessité absolue dans mon équilibre quotidien.

La Chambre des Demoiselles nous permet d'obtenir un point de vue particulier sur la porte d'Amont quelques centaines de mètres plus loin une fois arrivés au sommet. Comme de nombreux lecteurs de Maurice Leblanc, je recherche les fameuses lettres qui indiquent le point de départ pour trouver l'entrée du souterrain conduisant au cœur de l'Aiguille creuse. Elles sont bien là, mais n'ayant pas amené de corde pour la mesure, mes investigations cessent à ce point.

Au sommet des falaises, le panorama nous laisse sans voix — nos deux mains jointes attestent de notre émotion — car il se révèle tout à fait grandiose. Cependant, en raison de mon vertige, je dois demander à Valentin de rester tout près de moi pour me sécuriser. Me tenir ainsi m'impressionne et m'effraie tout autant. Ses bras autour de mon corps, je peux en toute sérénité profiter de la vue dégagée qui s'offre à nous. Mes cheveux, qui volent au vent, lui chatouillent sans aucun doute le nez, mais il n'en a cure. Grâce à sa patience, je réussis à apprivoiser progressivement cette peur.

La descente s'avère plus périlleuse, car les pluies de la veille ont rendu le chemin caillouteux très boueux. Nous l'effectuons donc avec prudence. Valentin jette un œil en arrière pour s'assurer que je vais bien dès que je glisse. C'est un fait que je n'ai pas le pied très sûr et qu'il m'est souvent arrivé de terminer sur les fesses. Les paysages varient pendant plusieurs kilomètres : des sentiers dans la lande, puis une piste près de la falaise. Notre destination, le phare d'Antifer, grossit à vue d'œil. Tout le long de la côte, des restes de bunkers illustrent les hostilités de la dernière guerre et ternissent quelque peu ce paysage enchanteur.

Nous découvrons une petite plage en contrebas et décidons d'y déjeuner. Visiblement, nous ne sommes pas les premiers à avoir déniché ce havre de paix ! Nous arrivons tout de même à nous isoler. Eh oui, un peu sauvages parfois, nous aimons nos moments d'intimité, comme si nous étions seuls au monde ! Je conçois l'égoïsme de cette pensée, mais il apparaît bon de l'être légèrement pour se préserver. J'en profite pour enregistrer le bruit des vagues avec mon téléphone.

J'adore le son que produisent les galets emmenés par les différents assauts de l'eau et c'est le genre de souvenir que j'aime écouter.

Le retour s'annonce plus délicat, car après une matinée ensoleillée, le vent se lève et nous force à nous couvrir de nos capuches. Notre allure nous amuse : nous avons l'impression de rejouer le sketch du k-way de Dany Boon. Visiblement, tourner la tête sans s'étouffer avec cet imperméable semble toujours impossible ! Nous rentrons à l'hôtel d'un pas décidé, avant que la pluie qui menace déjà ne nous saisisse.

Quelques minutes après avoir franchi la porte de notre chambre, des trombes d'eau martèlent les vitres… C'était moins une !

Valentin se tourne vers moi :

– Alors, comment te sens-tu ?

– Un peu fourbue, mais vraiment heureuse. C'est aussi beau que je l'imaginais, merci d'avoir pensé à cette destination.

– Mais le week-end n'est pas encore terminé…

– Oh toi, tu as encore une idée derrière la tête !

– Cela va de soi, mais ce n'est pas pour ce soir. Tu vas pouvoir reprendre un peu de force, ne t'inquiète pas !

– Comme c'est gentil, lui répondis-je l'air mutin.

– Juste quelques heures… Moi aussi, je suis en week-end et je veux profiter au maximum de ces précieux moments où je t'ai pour moi tout seul.

– Ah, et pourquoi donc ?

– Ne fais pas ton innocente, tu ne le sais que trop bien !

– Je ne vois vraiment pas…

– Tu ne perds rien pour attendre !

Et il se jette sur moi, me prenant à bras le corps et m'emmène sur le lit. Pendant de longues minutes, ses mains frôlent les différentes parties de mon anatomie, me laissant pantelante de désir.

– Et maintenant, tu comprends mieux ?

– Un peu mieux, mais comme je suis un peu longue à la détente…

D'un baiser fougueux, il me coupe la parole. Je n'ai plus envie de rire à présent, juste de me laisser dévorer par le feu qui illumine ses yeux. Que j'aime cet homme !

Au matin, je m'éveille la première. J'en profite pour me livrer à l'une de mes activités favorites : regarder mon homme pendant qu'il dort. Certes, il vieillit, et son visage se pare des premières ridules, mais elles lui donnent plus de douceur et d'innocence. Sous ses airs de véritable mâle se cache un être d'une rare sensibilité capable de verser des larmes devant *Toy Story* et sur lequel je peux compter.

De cette alchimie parfaite est né mon amour qui grandit chaque jour malgré les années qui passent. Aux personnes qui se demandent si l'on peut s'éprendre toute sa vie de la même personne, je réponds que je l'espère de tout mon cœur, car tel a été mon vécu jusque-là et je souhaite ardemment en profiter des dizaines d'années encore.

Quand il ouvre les yeux, un magnifique sourire éclaire son visage :

– Alors prête pour une nouvelle journée de folie ? me susurre-t-il.

– Bien entendu !

Il bondit hors du lit.

– Alors, petit-déj' ! Ensuite, enfile ton maillot de bain et prends ta serviette, et en voiture ! N'oublie pas de prendre le reste de tes affaires, nous ne repasserons pas par l'hôtel avant de repartir.

– J'ai ma petite idée sur ce que tu m'as concocté, et je sens que je vais adorer.

Après dix minutes de route, nous pénétrons dans un spa luxueux. Une hôtesse nous indique qu'avant notre massage en duo prévu une heure plus tard, nous pouvons profiter de la piscine. Émerveillée par tant d'attentions, j'embrasse mon homme avec fougue.

– Tu me gâtes énormément, parfois même trop d'ailleurs ! Je suis vraiment très chanceuse.

– Rien ne sera jamais trop beau pour toi. Tu mérites que je te dorlote et tu en fais de même pour moi.

Je lui réponds d'un sourire enjôleur. Il a raison sur ce terrain-là, nous aimons, autant l'un que l'autre, nous offrir de magnifiques cadeaux.

– Madame et Monsieur d'Alembert, veuillez bien me suivre, nous interpelle une jolie jeune femme.

Je vois le regard de mon mari qui bifurque, détaillant avec soin les courbes de notre hôtesse. Il sait que je l'ai vu, sa discrétion n'existe pas toujours dans ce cas-là. J'attends que la demoiselle marche quelques pas devant nous et je lui chuchote :

– Tu n'as pas bientôt fini, oui ?

– Tu sais bien que je ne peux m'empêcher de regarder les jolies filles, un homme reste un homme…

Devant mon air faussement agacé, il continue :

– Quoiqu'il en soit, ça ne change rien au fait que tu sois la plus belle femme de la Terre, m'affirme-t-il le plus sincèrement du monde.

Comment voulez-vous que je ne fonde pas avec une telle flatterie ?

Je sais aussi que je peux lui faire confiance et le fait qu'il agisse ouvertement devant mes yeux me conforte dans l'idée qu'il n'a rien à me cacher.

Elle nous conduit dans une pièce à la lumière tamisée, et nous invite à prendre une douche avant de revêtir un magnifique string jetable. Lorsqu'elle nous laisse nous préparer, Valentin me regarde, affolé :

– Je dois réellement mettre ce truc immonde ?

– Il semblerait, cela va sûrement t'aller à ravir…

– Ah, ce que je ne m'infligerais pas pour toi !

– Et c'est une des raisons pour lesquelles je t'aime autant.

Les strings à peine enfilés, deux jeunes femmes entrent dans la pièce pour notre séance de massage. Mon mari a choisi la formule « escapade complice cocooning à deux », rien que l'intitulé invite déjà au rêve. Très vite, les mains expertes me délassent et je laisse mon esprit vagabonder. Rien n'apparaît plus vital en cet instant que de se laisser submerger par cette quiétude. Je dois confesser que j'en bave de plaisir tellement c'est agréable. D'ailleurs, la musique douce en fond invite irrésistiblement au lâcher-prise.

Lorsque la jeune femme me demande de me retourner, je jette un rapide coup d'œil à mon homme qui semble exactement dans le même état d'esprit. Quand le soin prend fin, bien trop vite à notre goût, nous prenons quelques instants pour reprendre contact avec la réalité.

Une douce torpeur nous enveloppe et soucieux de profiter encore de ce moment de sérénité, nous restons silencieux, l'un à côté de l'autre.

Nous sortons complètement groggy de cette séance de détente et je sais gré à Valentin d'avoir prévu de manger sur place.

Nous pouvons donc émerger progressivement de notre cocon. Après un excellent repas, nous reprenons la route et échangeons à bâtons rompus. Nous parlons de l'année écoulée depuis ma reconversion, de nos rêves, et bien sûr de nos enfants, que nous avons hâte de retrouver.

Cette escapade nous a ressourcés, renforçant toujours plus cette complicité qui nous unit. De leur côté, Constance et Léo ont adoré passer ce week-end avec leur grand-mère qui les a emmenés au zoo de Beauval voir les pandas et autres animaux exotiques.

Louise

34

« Quand on est coupé des mots, on se coupe du monde. »
Alexandra Alévêque, *21 jours au cœur de l'illettrisme*

Comme promis, le jeudi suivant, je me rends de nouveau chez Hector. Afin de lui apporter l'aide la plus précieuse, j'ai effectué des recherches sur l'illettrisme chez les adultes. Je suis tombée sur un reportage réalisé par Alexandra Alévêque, *21 jours au cœur de l'illettrisme*.

J'en ai retiré de nombreux enseignements qui s'avèreront très utiles. Les personnes qui ont témoigné montrent de multiples similitudes avec le vieil homme.

Ce sentiment de honte, le fait de se dévaloriser sans cesse, mais aussi cette envie d'avancer, de sortir de ce marasme pour mieux s'accepter au quotidien.

Ces mots sur lesquels la journaliste termine son sujet m'ont touchée au plus haut point :

« Quand on est coupé des mots, on se coupe du monde. »

Avis que je partage tout à fait. Nous avons tant besoin de la richesse de notre vocabulaire pour nous exprimer le plus justement possible.

La langue française, avec toutes les nuances qu'elle nous offre, nous permet de manifester de nombreuses façons nos sentiments, nos avis, nos contradictions. Et cette richesse nous donne le choix d'éviter ainsi les quiproquos en utilisant les mots adéquats.

Forte de toutes ces informations, l'un de mes romans préférés m'est revenu à l'esprit, *Le Secret de grand-père* de Michael Morpurgo : c'est l'histoire d'un vieux monsieur, à peu près du même âge qu'Hector et qui, comme lui, cache son secret à son entourage. Seul son petit-fils, vers lequel il se tourne pour réapprendre à lire et à écrire, se trouve dans la confidence.

Son rêve : pouvoir déchiffrer, de bout en bout, un roman d'Agatha Christie. Il me rappelle tant Hector ! D'ailleurs, une des techniques utilisées par l'enfant me semble parfaite. Je vais donc, comme lui, recourir aux journaux pour reprendre cet apprentissage avec lui ; la taille des caractères d'imprimerie le rendra sans aucun doute plus accessible.

Lorsque j'arrive, mon hôte m'accueille avec un air que je ne lui avais encore jamais vu. Serait-ce une lueur d'excitation que je lis dans ses yeux ? Réaction de bon aloi pour son entraînement.

Quoique, j'y décèle également une autre émotion que je lui connaissais déjà, ce voile de tristesse qui ne semble le quitter que très rarement. Le défi à relever se révèle de taille ! Soudain, des doutes m'assaillent, mais je les chasse bien vite de mon esprit.

– Bonjour Louise, je vous attendais.

– Bonjour Hector, comment allez-vous aujourd'hui ?

– Fébrile, il faut l'avouer, mais aussi impatient et apeuré, cela fait un mélange détonant, me répond-il en grimaçant légèrement.

– Pas d'affolement, votre rythme sera le mien. À vous de mener la danse !

Mon assurance, pourtant de façade, semble le réconforter. Il paraît un peu gêné, son silence si éloquent l'affirme. Je décide donc de prendre les choses en main.

– Pour débuter, je voudrais évaluer votre niveau en lecture. Ce qui me permettra de mieux vous accompagner par la suite. Est-ce que cela vous convient ?

– Ma foi, il faut bien commencer quelque part...

Je sors alors les journaux de *la Nouvelle République*, gardés depuis quelques jours dans cette optique, et les dispose sur la table de la salle à manger sur laquelle nous nous sommes installés.

– J'ai pensé que vous aimeriez débuter avec des lectures abordables. Je vous laisse feuilleter ces exemplaires et m'informer si un sujet en particulier vous intéresse.

Levant les yeux vers lui, je poursuis avec amusement :

– En revanche, je pense que pour moi, vous allez devoir laisser le prétexte des lunettes oubliées au placard, je le taquine tout en tendant la main vers son visage.

– Je me disais bien qu'il me manquait quelque chose, réplique-t-il sur le même ton. Je ne sais plus où je les ai mises... Ah, elles sont là, m'annonce-t-il victorieux en les retrouvant à proximité des télécommandes.

– Vous voilà bien équipé maintenant. Et si vous choisissiez votre sujet ?

Pendant plusieurs minutes, je l'observe passer de page en page, regardant une photo, plissant un peu les yeux. Une image a l'air de retenir tout son intérêt. Elle représente les jardins de Chaumont-sur-Loire et parle de l'ouverture annuelle du Festival international des Jardins. Afin de ne pas le brusquer, je patiente paisiblement. Mon attente s'avère de courte durée.

– J'aimerais beaucoup savoir où je peux voir ces lieux extraordinaires. On peut le lire ensemble ?

– Bien entendu, je vous laisse commencer ?

Son regard s'assombrit tout à coup. Une légère panique passe sur ses traits burinés.

– Vous êtes sûre que j'en suis capable ? ose-t-il la voix chevrotante.

– Ça, je ne peux le dire, mais n'est-ce pas la raison de ma présence aujourd'hui ?

– Oui, effectivement, mais tout cela me fait très peur.

– Je ne peux sans aucun doute vraiment le comprendre, car je n'ai pas vécu votre situation, mais je peux l'entendre. Je suis là pour vous soutenir, je le rassure en essayant de lui adresser le sourire le plus convaincant que je puisse lui offrir. Le plus dur est de se lancer… Vous me permettez de venir me mettre tout près de vous pour vous aider dans la lecture au besoin ?

– Je vous en prie. D'autant que cela sera obligatoirement nécessaire.

Il prend une grande inspiration.

– Bon, j'y vais.

Il commence alors son déchiffrage, car c'est vraiment de cela qu'il s'agit. Je note sa capacité à reconnaître tous les sons simples, mais je remarque que cela se corse dès qu'ils deviennent complexes.

Je suis un peu rassurée, son apprentissage s'annoncera donc moins compliqué. En revanche, il met énormément de temps à découper chaque syllabe et éprouve de grandes difficultés à accéder au sens de la phrase dans son ensemble. Je me rappelle alors ses propos concernant sa lecture de la première page de *L'Épave du Cynthia*, il avait dressé exactement le même constat.

Au bout de quelques minutes, je réalise qu'il se fatigue et qu'il commence à s'irriter. Or, ce n'est pas du tout l'objectif que je m'étais fixé. Je lui propose donc une alternative.

– Aimeriez-vous que je vous lise la fin de l'article ?

Il m'adresse alors un regard plein de gratitude.

– Ce serait vraiment très gentil de votre part.

Je poursuis donc. Il semble apprécier l'article où le journaliste parle « *de brumes qui rendent le décor de la forêt amazonienne mystérieux et féérique* ». Lorsque je me tais, il me dévisage d'un air las.

– Ce que j'aimerais savoir lire aussi bien que vous !

– Je ne doute pas que vous y arriverez dans quelque temps.

– Peut-être… Alors, quel est votre diagnostic ?

– La bonne nouvelle, c'est que vous ne partez pas de zéro. À l'inverse de ce que vous pensez, vous possédez encore des restes de vos années d'école. Vous déchiffrez correctement les mots simples et courts. En revanche, vous butez sur ceux avec des sons plus difficiles et surtout, votre vitesse de lecture vous fait perdre le fil de votre décryptage. Ce qui explique que vous ne compreniez pas l'ensemble. Je ne vous cache pas que nous allons avoir du travail et que vous passerez très régulièrement par des moments de doute, mais je sais que le défi peut être relevé avec de la bonne volonté.

– Voilà un constat sans appel ! Toutefois, j'apprécie votre honnêteté, car elle me donne une juste image des efforts que je dois fournir. Nous allons donc passer beaucoup de temps ensemble, n'est-ce pas ?

Devant mon silence, il poursuit :

– Mais je ne veux sûrement pas représenter un fardeau d'autant plus que vous semblez disposer d'une vie bien remplie…

Ses interrogations m'interpellent. Effectivement, son apprentissage s'annonce long et je crains de ne pas disposer du temps nécessaire pour l'accompagner convenablement. Mais quelques secondes me suffisent pour trouver une solution.

– Je comprends vos inquiétudes et je ne vous cache pas que vous avez vu juste concernant mon emploi du temps surchargé. Toutefois, je me suis engagée à vous aider, j'honorerai donc ma promesse et je pourrai vous consacrer ces deux heures tous les jeudis. Pourtant, cela risque de se révéler insuffisant pour progresser significativement. Par conséquent, je voudrais vous soumettre une idée.

— Je vous écoute.

— Seriez-vous d'accord qu'une autre personne rentre dans ce projet ?

— À qui pensez-vous ?

— Odette.

Je le sens se crisper. Visiblement, quelque chose l'inquiète.

— C'est qu'elle m'intimide quelque peu…

Son aveu me fait sourire. Je confesse que je ne le comprends que trop bien. J'ai également eu ce sentiment lors de nos premières rencontres.

— Elle fait souvent cet effet-là au début ! Mais je vous rassure, elle sait aussi se montrer calme et charmante. Est-ce que vous m'autorisez à lui en parler ?

— Oui, vous pouvez. Je me fie à votre jugement.

— Parfait, merci de votre confiance. Je l'en informe très vite et je vous donne sa réponse la semaine prochaine.

Il me remercie et me raccompagne jusqu'à la porte d'entrée. Je suis assez satisfaite de cette nouvelle rencontre et je fournirai tous les efforts nécessaires pour qu'il puisse profiter de tous les merveilleux livres que son père lui a légués. Maintenant, il me reste à convaincre Odette de nous aider, même si je n'ai aucune idée de sa réaction à l'annonce de ma proposition.

Odette

35

Je suis déjà installée sur notre banc lorsque Louise me rejoint. Le nouveau tome des *Chroniques de Bridgerton* dans les mains, elle me surprend alors que je glousse de plaisir.

— Ma chère Odette, je suis persuadée que vous venez de faire la connaissance d'Éloïse !

— Gagné ! Elle m'éclate, cette petite. Elle possède vraiment un tempérament de feu !

— Un peu comme vous ?

— Exactement, et c'est sans aucun doute la raison pour laquelle elle me plaît tant. Alors, quoi de neuf ? J'attends ton rapport circonstancié, tu n'as pas oublié, j'espère.

— Effectivement, j'ai de nombreuses choses à vous raconter et je vais même avoir besoin de vous.

— Tout ceci est bien intrigant… Vite, crache le morceau !

— Comme prévu, je me suis rendue chez Hector, il habite une grande maison dans la rue des Prés. Vous savez, celle avec le magnifique jardin tout autour, mais laissée à l'abandon ces dernières années.

Je vois sur son visage que sa surprise se révèle absolue.

— Tu es sûre que c'est celle des Duval ?

— Des Duval ? Je ne connaissais pas le nom des anciens propriétaires. Si je me fie au récit d'Hector, ils résidaient déjà en maison de retraite quand nous nous sommes installés ici avec Valentin. Mais pourquoi cela vous étonne-t-il autant ? m'interroge-t-elle.

— Je viens de saisir pourquoi Hector me semblait familier. Mais de longues années se sont écoulées depuis la dernière fois que nous nous étions croisés. Une soixantaine, à vue de nez.

Je lui fais part de ma stupéfaction à mon tour.

— Vous m'expliquez ? Je ne vous suis pas.

— Oui, pardon. Avec Hector, nous étions camarades de classe en primaire. J'avoue qu'il m'était complètement sorti de la tête comme nous n'avions passé qu'une année ensemble. Effectivement, sa façon de se comporter aurait dû me mettre la puce à l'oreille. Mais à mon âge, la connexion entre les neurones n'est pas toujours aussi rapide qu'elle ne l'était ! Et donc, qu'as-tu appris d'autre ?

— Il m'a confié ce qui le rendait si triste et si réservé.

— Et…

— Il a fait une découverte chez ses parents qui l'a bouleversé, lance-t-elle.

— Laquelle ?

— Un vieux livre de son père auquel il tenait beaucoup. Alors, lorsqu'il a réalisé qu'il s'avérait incapable de comprendre ce qui était écrit, il s'est mis en colère contre lui. Cet épisode l'a décidé à surmonter ses difficultés. Raison pour laquelle il m'a appris qu'il était illettré. Il semble déterminé, une fois pour toutes, à en finir avec ce handicap qui l'a fait souffrir tout au long de sa vie.

— Maintenant que tu m'en parles, je me souviens qu'en classe, il éprouvait effectivement de nombreuses difficultés avec la lecture, et que nos camarades ne le loupaient pas. D'autant plus que ce n'était pas un enfant du cru, raison déjà suffisante aux yeux de certains pour être rejeté. Je me rappelle qu'Antoinette et moi avions essayé de lui venir en aide quelques fois, mais qu'il s'était complètement fermé. Nous n'avions pas voulu insister.

— Oui, il m'en a parlé à mi-mot.

– Quand je vais dire ça à Antoinette…

Louise m'arrête aussitôt sur ma lancée et m'intime :
– Non, Odette, cela doit rester un secret. Pour pouvoir vous le dire, je lui ai demandé la permission. Il faudra donc vous taire…
– D'accord, je le ferai au nom de l'amitié qui nous liait lorsque nous étions gosses. Mais cela s'annonce difficile, je n'ai pas l'habitude d'avoir des secrets pour elle… Et tu as dit que tu avais besoin de mon aide ?
– Nous, en réalité. Accepteriez-vous de l'accompagner également pour lui réapprendre à lire ?
– Logique, j'aurais pu m'en douter. Oui, j'avoue que je serais bien tentée par le défi. Mais je n'ai jamais réalisé ce genre de choses, tu devras me guider.
– Bien sûr. Cependant, de votre côté, vous devrez vous montrer douce, reprend-elle, soucieuse.
– Je vais essayer, mais je ne promets pas que j'y parviendrai tous les jours.
– Vouloir tenter de l'être constitue déjà un bon commencement. Il m'a donné son numéro. Je vous laisse donc le contacter pour vous organiser avec lui. Et je reste disponible si vous vous posez des questions.
– Sûr qu'elles vont se bousculer ! je m'esclaffe.
– Je n'en attendais pas moins de vous, ma chère Odette.

Puis ses yeux dévient sur sa montre et elle poursuit :
– On se tient au courant. Je suis désolée, je suis un peu pressée, car un rendez-vous s'est intercalé en début d'après-midi.
– Pas de souci, tu viens toujours pour le goûter demain ?
– Je ne manquerai cette réunion de joyeux lurons pour rien au monde.
– À demain, alors.

Elle regagne rapidement son bus pour la tournée de l'après-midi. Elle semblait soulagée de l'accueil que j'ai réservé à sa requête. Rien d'incroyable pourtant, je suis toujours partante pour une nouvelle aventure ! Il me tarde d'appeler mon vieux copain.

Dès mon retour à la maison, je compose le numéro d'Hector pour fixer notre première entrevue.

– Allo, Hector, alors petit cachottier, tu n'aurais pas pu me dire qui tu étais !

– Bonjour, vous êtes ? répond-il, de la surprise dans la voix.

– Odette, bien sûr.

– Bonjour, Odette, mais je ne comprends pas très bien. De quelle cachotterie parlez-vous ? m'interroge-t-il toujours aussi étonné de mon changement d'attitude.

– Bah mon vieux, toi aussi t'as vieilli, tu ne m'as toujours pas remise ?

– J'avoue ne pas savoir de quoi vous parler.

– Mon nom est Mercier, Odette Mercier. Nous étions à l'école ensemble, tu ne t'en souviens pas ?

Il prend quelques secondes de réflexion. Il doit sûrement chercher dans sa mémoire. Impossible qu'il nous ait oubliées !

Devant son silence, je m'impatiente :

– Ohé ! T'es toujours là ?

– Oui, oui. Je viens juste de réaliser un voyage dans le temps de plusieurs décennies. Maintenant, je me souviens de toi. En même temps, j'aurais dû comprendre, tu n'as pas vraiment changé !

– Je ne sais pas si je dois considérer cela comme un compliment, mais bon, passons. Louise m'a informée que tu avais besoin d'un petit coup de main et moi, j'ai du temps à revendre. Est-ce que tu accepterais mon aide ?

– Oui, je crois, déclare-t-il d'un ton pas très assuré.

– Chouette, quand est-ce qu'on se voit ? Si ça te va, je peux venir vendredi toute la matinée.

– D'accord, c'est bon pour moi, approuve-t-il rapidement.

– Super, à vendredi alors !

Je me sens vraiment satisfaite. Mais maintenant, je dois trouver un truc qui le motive à lire. J'envoie donc un message à Louise. Elle me suggère de privilégier un magazine, cela l'effrayera moins que des pages entières remplies seulement de mots. Elle ajoute que s'il portait sur les plantes, ce serait encore mieux. Je vais devoir interroger Marc pour m'épauler dans mes choix, je n'y connais rien, moi, dans ce domaine. Quelle heure est-il ? Quatorze heures. J'ai encore du temps avant de me rendre chez ma coiffeuse pour ma mise en plis bimensuelle.

Ça tombe bien, la boutique s'avère vide lorsque j'arrive. Je sollicite donc Marc pour ma recherche.

– Salut, Marc, dis-moi, je cherche un magazine sur les plantes pour un ami, un truc avec plein de belles photos.

– Un ami ? Qui ?

– Dis-moi, petit curieux, tu voudrais bien savoir, hein ? Dommage, n'est-ce pas que je ne puisse rien te dévoiler…

– Pourquoi donc ? insiste-t-il.

– Pardi, parce c'est un secret et que pour une fois, je vais tâcher de tenir ma langue.

– J'imagine le supplice, se moque-t-il.

– Rigolo ! En attendant, je prends quoi ?

L'épicier se penche alors vers le rayonnage du milieu et en extirpe un magazine dont la couverture arbore de magnifiques hortensias.

– Celui-ci devrait faire l'affaire, c'est ma meilleure vente sur le sujet. Et avec ça, ma p'tite dame ?

– Tu me rajoutes le mien aussi bien entendu, je ne vais pas perdre mes bonnes habitudes, d'autant plus qu'il doit comporter les photos du dernier mariage des Windsor.

– Effectivement, tu ne peux pas louper l'événement du siècle !

– Pfff ! Merci bien. Allez, je te laisse, à la prochaine !

J'attrape mon cabas filet, dans lequel je glisse les magazines achetés. Ce vieux sac me suit depuis tellement d'années. D'ailleurs, j'ai bien rigolé lorsque je me suis aperçue que cette besace revenait à la mode ces derniers temps. Depuis, je parade avec, comme si j'étais une véritable icône de mode.

Hector

36

À la suite de l'appel surréaliste d'Odette, je me suis senti tout drôle. Odette Mercier… mes souvenirs la concernant remontent si loin ! Maintenant que je le sais, je ne comprends vraiment pas comment j'ai pu ne pas faire le rapprochement plus tôt ! Son caractère n'a pas changé d'un iota.

D'un point de vue physique, c'est différent, mais nous vieillissons tous, n'est-ce pas ?

Et son amie Antoinette, se souvient-elle de moi ?

Je l'espère. Oserais-je lui poser la question ?

À son arrivée le vendredi, Odette secoue énergiquement la cloche qui me sert de sonnette. Je viens lui ouvrir aussi vite que possible, car je crois me rappeler que la patience n'est pas la première de ses qualités.

– Odette, je t'en prie, entre.

Elle pénètre dans l'entrée et jette des coups d'œil un peu partout.

– Étrange, j'ai l'impression que le temps s'est figé dans cette maison, s'exclame-t-elle. Elle est exactement comme dans mon souvenir.

– Oui, mes parents étaient très conservateurs et le changement les perturbait au plus haut point, surtout en prenant de l'âge. Je confesse aussi que je mets un peu de temps à apposer ma propre patte et je ne suis même pas sûr de le vouloir.

Elle semble surprise que je me livre autant, mais elle ne dit mot.

– Tu veux boire quelque chose ?

– Un thé, me répond-elle.

– Tu me laisses quelques minutes, je vais nous le préparer.

Restée seule dans le salon, je l'aperçois, par la porte entrebâillée de la cuisine, se lever et détailler les murs de la bibliothèque. Elle semble éblouie par cette vision. Je la comprends. Comment ne pas ressentir l'envie de se plonger dans toutes ces histoires fabuleuses ? La collection de mon père se révèle aussi impressionnante que diversifiée. Je ne serais pas étonné qu'elle souhaite en emprunter quelques-uns, à un moment ou un autre.

Je reviens avec un plateau sur lequel repose ma vieille cafetière et une théière.

– Pour le thé, je t'ai apporté la boîte. Comme ça, tu pourras choisir ce que tu veux.

– Merci. Dis-moi, je ne me souvenais pas que la bibliothèque de tes parents était aussi bien garnie.

– Tout simplement parce qu'elle ne l'était pas. Mon père a beaucoup lu sur ses dernières années de vie. Il pouvait passer de très longues heures dans son fauteuil, ce qui explique d'ailleurs son état, lui dis-je en désignant le vieux meuble. Comme ma mère consacrait des heures à son jardin, et que ses articulations le faisaient souffrir, il recherchait un peu de sérénité dans ses lectures. Ainsi, il voyageait sans sortir de la maison.

Odette doit ressentir tout mon amour pour mes parents, elle paraît profondément touchée par mes propos. Je la sens tout à coup très mélancolique. Je me demande bien à quoi elle pense. Je n'ai guère le temps de m'appesantir, car elle reprend rapidement la parole :

– Alors, tu es prêt pour ta première leçon ?

– Vu ainsi, tu me fais un peu peur ! je lui rétorque, mi-amusé, mi-apeuré.

– Tu ne crois pas que je vais te faire de cadeaux… Quoique, tu as de la chance, j'ai promis à Louise d'être douce… Tout du moins d'essayer, continue-t-elle plus bas.

– Me voilà rassuré. Alors qu'as-tu prévu ?

– Je t'ai rapporté ceci, sur les conseils de Louise et de Marc, tu es d'accord ?

J'attrape le magazine qu'elle me tend et le feuillette attentivement.

– Oui, je pense que c'est une bonne idée.

– Parfait, on commence ?

Pendant près d'une heure, je m'escrime à déchiffrer les différents articles. Au début, avec beaucoup de difficulté, puis je parviens, pour mon plus grand plaisir, à reconnaître certains mots. Odette se montre, contre toute attente, on ne peut plus patiente. Elle me reprend avec délicatesse à chaque faux pas, me laisse tâtonner sans jamais me brusquer.

Sa douceur me permet de prendre confiance progressivement. Dès que je fatigue, sans même avoir à lui demander, elle se met à lire à son tour. De plus, comme le sujet m'intéresse, je suis encore plus motivé.

La matinée me laisse littéralement épuisé.

Jamais je n'aurais pensé que lire pouvait s'avérer aussi éreintant. Malgré tout, une lueur d'espoir commence à briller tout au fond de mon cœur. Ce n'est pour l'instant qu'une flammèche, mais je ne doute pas qu'elle fera, un jour, un magnifique feu de joie.

Au moment du départ, je remercie Odette très sincèrement et nous reprenons rendez-vous pour la semaine suivante. Je reste pourtant très étonné de la voir si peu bavarde. Toutefois, je la trouve apaisée et son « *Je suis fière de toi* », murmuré en partant, me rend infiniment heureux.

Hector

37

Je m'entraîne à lire, accompagnée soit d'Odette, soit de Louise, depuis plusieurs semaines désormais, et j'ai l'impression de bien avancer.

Alors ce soir, j'ai envie de savoir si je peux me lancer seul. *L'Épave du Cynthia,* toujours posée sur le guéridon, me fait de l'œil. Je m'installe dans le fauteuil, confortablement, avant de le saisir délicatement.

Avant de commencer, je pousse un léger soupir. Je me remémore, avec une pointe de chagrin, mon dernier essai et la colère que j'avais ressentie face à mon incompétence. Certes, je suis conscient que j'ai progressé, mais suis-je capable de m'en sortir sans aide ?

La meilleure façon de le savoir est d'ouvrir ce satané bouquin. Mais l'angoisse me retient encore. Elle étreint mon cœur et bloque ma trachée si fort que je peine à déglutir. J'ai du mal à me relaxer, à prendre du recul. Pourquoi ai-je l'impression de jouer l'une des partitions les plus importantes de ma vie ?

Tant bien que mal, je me raisonne et je retrouve une respiration apaisée.

Je me lève pour aller me laver les mains rendues moites par la panique. J'en profite pour me passer un coup d'eau fraîche sur la figure puis je retourne dans le fauteuil paternel.

Toucher le vieux cuir finit de me rassurer. Voilà, je me sens prêt.

Au départ, je parviens, sans trop de difficultés, à déchiffrer les premiers mots, mais rapidement, je me heurte au vocabulaire un peu alambiqué de Jules Verne. Le terme *« physionomie »* me résiste un moment et lorsque le nom du *docteur Schwaryencrona* apparaît, je commence à m'agacer sérieusement. Ne voulant pas m'avouer vaincu si vite, j'insiste encore sur quelques lignes, mais termine par repousser avec dédain l'ouvrage loin de moi.

Qu'avais-je cru ?

J'aurais dû pertinemment le savoir que je n'y parviendrais jamais !

Je mets de longues minutes à me calmer, à retrouver mes esprits. J'ai l'impression, en un quart de seconde, d'avoir perdu toute la confiance en moi que j'avais si durement acquise ces dernières semaines. Incapable j'étais et incapable je resterai !

Et ce, éternellement !

Louise

38

Lorsque j'arrive chez Hector, le jeudi suivant, je le trouve le visage complètement défait. Je me demande bien ce qui a pu le mettre dans cet état-là alors je l'interroge :

– Que se passe-t-il ?

– Tous ces efforts ne servent à rien, ce n'est plus la peine que vous veniez… lance-t-il.

– Pardon, est-ce que vous pouvez m'expliquer ? Parce que là, j'avoue être quelque peu perdue.

– Je n'arriverai jamais à lire, me déclare-t-il dans un soupir.

– Mais, bien sûr que si ! Vous y parvenez déjà d'ailleurs et cela n'ira que de mieux en mieux…

– Non, je me sens nul, me coupe-t-il. Je reste incapable d'y arriver tout seul !

Comme je sens que je tiens une piste, je ne le lâche pas et je le relance.

– Vous avez lu seul ? Mais c'est fabuleux !

– Bah non justement, puisque je n'ai pas réussi à y parvenir.

– Pourrais-je vous demander ce que vous avez essayé de déchiffrer ?

Il me montre, d'un regard dédaigneux appuyé, le livre posé sur le guéridon. J'éclate alors d'un rire sonore.

– Parfait ! L'avantage au moins, c'est que cela vous amuse et que vous pouvez vous moquer de moi ouvertement.

– Hector, voyons, vous n'y êtes pas du tout. Si je rigole, c'est que vous avez fixé la barre si haute que vous ne risquez pas de la franchir.

– Comment cela ? reprend-il en se radoucissant.

– Jules Verne est un auteur avec un phrasé parfois difficile. En effet, au 19ᵉ siècle, les écrivains utilisaient davantage le langage soutenu, des phrases souvent très longues, dans lesquelles même les bons lecteurs peuvent se perdre. Et vous, vous recommencez à peine à lire, vous vous êtes montré trop gourmand…

– Je peine à comprendre votre propos, m'explique-t-il.

– Prenons un exemple sportif. Vous courez deux fois par semaine depuis deux mois, une trentaine de minutes à chaque fois. Vous souhaitez vous engager sur une course pour vous confronter aux autres et estimer votre valeur. Allez-vous tout de suite vous inscrire sur un semi-marathon ? Ou allez-vous d'abord vous essayer sur un cinq kilomètres ?

– Je pense que je tenterai les cinq kilomètres.

– Je crois que vous commencez à saisir où je veux en venir. Quand vous vous attaquez à un Jules Verne alors que vous lisez depuis quelques semaines, vous vous retrouvez dans la même situation que si vous passiez aussitôt au semi-marathon. Il apparaît donc tout à fait logique que vous n'y arriviez pas, en tout cas, pas dans l'immédiat. Cela ne montre en aucun cas que vous en êtes incapable, mais seulement qu'il est encore trop tôt pour pouvoir réussir.

Il se rassérène au fur et à mesure de ma démonstration, les traits de son visage se relâchent peu à peu.

– Merci, Louise, vous m'avez vraiment remonté le moral. Vous êtes douée.

– Ravie de vous avoir rendu service. Comme je réalise que vous avez envie de franchir une nouvelle étape dans votre apprentissage, que diriez-vous de fixer un nouvel objectif ? Atteignable, celui-ci ! je déclare en lui adressant un clin d'œil.

– Bonne idée. Quel serait-il ?

– Je pensais vous proposer de lire un roman en entier, mais à deux pour le moment. Donc soit avec Odette, soit avec moi.

– Je suis partant.

– Je préfère vous voir ainsi.

– Je vous cherche alors quelque chose qui vous plaira pour notre prochaine rencontre.

– Merci.

– Est-ce que vous souhaitez lire maintenant ?

– J'avoue que toutes ses émotions m'ont beaucoup fatigué. Vous ne m'en voulez pas si nous reportons notre séance à la semaine prochaine ?

– Bien sûr que non. Nous irons à votre rythme, comme je vous l'ai promis. Je vous laisse donc vous reposer et je vous revois jeudi sans faute.

– Avec grand plaisir ! Merci, Louise, pour votre compréhension.

Je le quitte en lui adressant un grand sourire. Je suis apaisée, car il a repris des couleurs. J'avoue avoir eu un peu peur, mais ses doutes s'avèrent parfaitement normaux.

Il croit depuis tant d'années qu'il se montre idiot, car il n'arrive pas à apprendre à lire. Ce genre de blessure ne se referme pas en un jour. Mais pour aujourd'hui, la crise semble passée. Toutefois, je devrais me montrer vigilante pour les semaines à venir.

Je cherche dans ma bibliothèque un ouvrage qui peut correspondre à la prochaine étape que nous nous sommes fixés : lire un roman. Je souhaite quelque chose qui lui parle, qui le motive, sans contenir trop de pages. Au cours de mes années d'enseignement, j'ai accumulé d'innombrables livres qui peuvent tout aussi bien convenir à des enfants qu'à des adultes.

Seul le niveau de lecture sur lequel on se place fait la différence. *Le Petit Prince* constitue le meilleur exemple pour illustrer mon propos, je pense d'ailleurs que c'est l'une de ses nombreuses richesses. Alors, quand je tombe sur *L'Homme qui plantait des arbres* de Jean Giono, je sais que j'ai trouvé ce qu'il lui faut.

Depuis plusieurs semaines, nous nous relayons avec Odette pour le faire progresser. Il se montre un élève aussi consciencieux qu'appliqué et il reprend confiance en lui. Ce changement s'observe dans sa façon d'être, dans sa manière de relever la tête et non plus de la tenir toujours baissée, son regard fixant inlassablement ses chaussures.

Mais la chute de régime de la semaine dernière doit m'obliger à rester bien à l'écoute de ses non-dits. Souvent à la fin de nos séances, il me montre ses avancées dans le jardin, m'apprend le nom de fleurs que je ne connais pas ou m'explique comment tailler tel ou tel arbuste. Cet échange de bons procédés lui permet de ne pas se sentir trop redevable, et ses conseils apparaissent précieux. Mon jardin ne s'est jamais aussi bien porté, car il m'a transmis cette envie d'en prendre soin.

Désormais, au moment de m'accueillir, il me présente son cahier. Je lui ai, en effet, suggéré de consigner dans un carnet tous les mots qu'il rencontre pour la première fois. D'une part, cette astuce lui permet de travailler son écriture et d'autre part, il voit son vocabulaire s'enrichir peu à peu. Il se dévoile, comme à chacune de nos rencontres, fier de me présenter les nouveaux termes avec lesquels il a fait connaissance la semaine passée, soit lors de nos lectures, soit lors de celles qu'il tente seul.

– Alors Hector, comment se nomment les petits nouveaux de la semaine ?

S'appliquant, il me les lit doucement comme s'il se délectait de les posséder désormais.

– Bouture, terreau, aquarium, graminée, spectaculaire.

– Parfait !

Je me penche vers mon sac à main pour en sortir le livre que je lui ai trouvé.

– Aujourd'hui, je vous ai ramené un petit trésor, en tout cas à mon sens.

– Vous attisez ma curiosité.

Je lui tends alors le roman et il déchiffre le titre.

– *L'Homme qui plantait des arbres*. Je sens que cela va me plaire.

Chacun lit une phrase, nous avons pris cette habitude depuis quelque temps déjà.

Nous n'entretenons pas un rapport de maître à élève, mais de camarades qui partagent un doux moment de connivence. Les premiers mots l'interpellent, comme ils m'avaient marquée lorsque j'avais découvert cette merveilleuse ode à la patience et au pur don de soi. Je ne peux que les reproduire ici pour vous faire comprendre notre trouble.

« Pour que le caractère d'un être humain dévoile des qualités exceptionnelles, il faut avoir la bonne fortune de pouvoir observer son action pendant de longues années. Si cette action est dépouillée de tout égoïsme, si l'idée qui la dirige est d'une générosité sans exemple, s'il est absolument certain qu'il n'a cherché nulle part et qu'au surplus elle a laissé sur le monde des marques visibles, on est alors, sans risque d'erreurs, devant un caractère inoubliable. »

Au fil des pages, je lui permets de faire connaissance avec Elzéard Bouffier. Cet homme simple, vivant dans les Alpes, aux portes de la Provence, qui, à lui seul, a réussi à faire repousser toute une forêt, y consacrant de nombreuses années.

Cette histoire incroyable le trouble au plus haut point, je le vois dans ses yeux. Émotion que j'avais moi-même ressentie et qui m'étreint dès que je le redécouvre. Pour lui permettre d'en profiter encore, je le lui offre. Il reçoit mon présent comme un don précieux.

La semaine suivante, il est fier de me dire qu'il l'a relu seul.

– Est-ce que je peux te le lire ?

Après plusieurs séances, nous sommes passés naturellement au tutoiement. Sa demande me surprend, mais je réalise qu'il l'a formulée avec beaucoup d'émotion. Touchée, je lui réponds :

– Cela serait pour moi un honneur.

– Alors, installe-toi bien, je commence.

Même si sa lecture se révèle lente, il s'applique sur chaque mot, tâchant de donner vie au texte. Il apparaît vibrant de justesse et je devine, en l'écoutant, ses heures de labeur, pour me proposer ce moment si précieux. Je ressens envers lui une fierté immense à la hauteur de ses réussites. Je lui adresse un regard expressif, empli de larmes de joie. Je ne saurais exprimer mes sentiments alors je laisse les mots qu'il m'offre m'envahir et me porter.

– Je crois que mon aide s'annonce moins précieuse désormais, tu te débrouilles de mieux en mieux, je lui déclare alors que je retrouve mes esprits.

– Peut-être pas pour continuer à apprendre à lire, mais j'espère que tu feras toujours partie de ma vie.

– Bien entendu, je lui réponds avec un sourire empreint de tendresse.

Louise

39

« L'été arrive, et la vie devient facile. »
Ira Gerschwin, *Summertime*

Depuis une semaine déjà, nos enfants ont rejoint leurs grands-parents paternels. Ils habitent dans une immense maison dans la baie de Quiberon, à quelques kilomètres de l'océan, donc vous vous doutez bien qu'ils s'y rendent avec le plus grand bonheur. D'autant plus qu'ils savent qu'ils vont être traités comme des rois. Au programme, Papy a déjà prévu d'emmener Léo pêcher en mer maintenant qu'il l'estime assez grand.

Quant à Constance, Mamie a opté pour de nombreuses activités manuelles, car la petite en raffole tout autant qu'elle. Par conséquent, quand nous les avons quittés en leur souhaitant un bon séjour, ces ingrats ont à peine daigné lever la tête pour nous saluer ! Je sais que nombre d'enfants ont cette habitude, mais je ne m'y fais toujours pas. Valentin, de son côté, s'en amuse en me disant que cette attitude est bien plus rassurante que de les voir nous courir après en sanglots en nous suppliant de ne pas les abandonner.

Effectivement, cette idée m'aide à relativiser.
Mais ce que réalise aussi mon mari, c'est qu'il va m'avoir pour lui tout seul pour les vingt-et-un prochains jours, ce qui constitue un bonheur absolu à ses yeux, évidemment partagé ! En effet, comme la plupart de mes clients partent en vacances cet été, je profite de cette période un peu particulière pour modifier mon emploi du temps. Fini le

marché du samedi, pour quelques semaines. Ce changement m'a permis de m'engager sur différentes manifestations dans un rayon d'une centaine de kilomètres autour de la maison. Valentin a posé des jours de congés de-ci, de-là pour m'accompagner chaque fois.

La Foire aux Laines de Châteaudun représente le premier événement où nous nous rendons. Comme il s'agit d'une fête médiévale, j'ai contacté Benoît, l'artiste local avec lequel je travaille, pour réaliser une nouvelle fresque éphémère sur tissu, à disposer sur un des côtés du bus afin de me fondre davantage dans le décor. À la réflexion, nous avons estimé que nous devions rester dans le thème fantastique.

Notre choix s'est donc porté sur trois des créatures les plus répandues de l'époque. Le phénix, tout d'abord, représenté en plein vol, auréolé de flammes virevoltantes. Au sol, en dessous, et se toisant en chiens de faïence, un basilic et un griffon. Le serpent tel qu'il était connu dans le monde médiéval n'avait presque rien en commun avec celui que l'on retrouve dans Harry Potter. La seule ressemblance tenait à son corps de reptile, le reste, les ailes, les pattes comme les ergots et parfois même la tête étaient empruntés au coq. Le griffon, de son côté, s'apparentait une bête à corps de félin, avec la tête, le cou et les ailes d'un rapace.
Il se distinguait par des plumes aux couleurs chatoyantes et il était souvent utilisé comme symbole sur les boucliers des chevaliers. Une fois de plus, le résultat s'annonçait saisissant et la scène créée par Benoît, pleine de vie. Je me languis que les visiteurs la découvrent.
Comme cette manifestation dure tout le week-end, mon mari a pris sa voiture pour que nous puissions circuler tranquillement sans avoir à nous servir du bus, ne serait-ce que pour rejoindre notre lieu d'hébergement le vendredi et le samedi en soirée.

Sa gestion de l'intendance hors événement toujours aussi efficace me permet de me concentrer uniquement sur mes propres contraintes.

Notre arrivée sur place est prévue dès le vendredi après-midi pour être prêts pour l'ouverture du festival le lendemain matin. Le quartier apparaît déjà bouclé pour que les différents exposants s'installent calmement. Tout s'annonce réglé comme du papier à musique, logique quand on pense que la Foire se tient depuis de nombreuses années. En seulement quelques minutes, nous prenons possession de notre emplacement et lions connaissance avec nos voisins.

D'un côté, un marchand de bijoux artisanaux et de l'autre un créateur de jeux en bois. Je pense que je ne manquerai pas d'aller faire un tour sur chaque stand pour découvrir leurs produits. Une fois notre installation respective terminée, la conversation ne tarde pas à s'engager :

– Vous venez ici pour la première fois ? Je ne crois pas vous avoir déjà vue, me demande le bijoutier, un homme d'une cinquantaine d'années au visage avenant.

– Oui, effectivement. J'étais déjà venue en tant que festivalière, mais jamais comme exposante. D'autant plus que je n'exerce ce métier que depuis quelques mois.

– Vous allez voir, cette expérience est harassante, certes, mais passionnante, poursuit-il.

– Je confirme, continue la femme menue aux cheveux de jais qui l'accompagne. Je me présente, Eulalie et voici mon mari Michel. Nous y participons depuis belle lurette, et nous ne sommes jamais déçus.

– Enchantée, je suis Louise, et le bel homme encore le nez dans les caisses est mon époux, Valentin.

– Ravie de vous rencontrer, Louise, Valentin. N'hésitez pas si vous avez la moindre question, je suis sûre que nous aurons une réponse à vous apporter, ou tout du moins, vous dire où la trouver.

Nous finissons d'agencer ce qui peut l'être sans risquer que ce soit abîmé pendant la nuit. Nous sommes rassurés, car des agents de sécurité ont été embauchés pour effectuer la surveillance pendant notre absence. Nous pouvons donc rejoindre en toute sérénité notre hôtel.

Je me tourne alors vers mon mari, c'est à son tour de me guider. Il se montre tout fier de me confier qu'il a dégoté un très bel hébergement, juste à côté, avec un restaurant dont la carte est réputée. Effectivement, après quelques minutes de route, nous nous garons sur un parking en bord du Loir. Un très joli bâtiment avec, à ses pieds, un magnifique moulin en bois se dresse devant nous.

– Je te propose de monter dans la chambre pour nous rafraîchir puis je t'emmène faire une petite balade pour nous délasser. Comme le repas n'est prévu qu'à 20 h, rien ne presse.

J'acquiesce avec reconnaissance. J'adore être prise en charge de temps à autre. D'autant que son sens de l'organisation étant sans faille, je sais que je peux donc me laisser guider les yeux fermés.

Une jolie promenade en bord de rivière accueille nos pas. Alors que nous discutons de ce week-end effréné qui nous attend, l'atterrissage bruyant d'un majestueux héron cendré nous fait sursauter. L'immense oiseau semble aussi surpris que nous. Assis sur un banc, nous appelons nos enfants qui mettent vite fin à la conversation prétextant être débordés.

Nullement vexés, nous mettons à profit le calme ambiant pour nous ressourcer en silence avant de prendre le chemin du restaurant. Valentin ne m'a pas menti, le repas s'avère juste délicieux et nous profitons d'une agréable soirée dans un cadre chaleureux. De plus, notre table nous offre une vue sur la roue du moulin à eau restaurée, renforçant l'âme bucolique de ce lieu hors du temps.

Le doux vin blanc, savouré pendant le dîner, nous embrume légèrement et nous ne tardons pas à rejoindre notre lit. Le sommeil nous cueille très vite, la fatigue reprenant ses droits.

Lorsque nous arrivons le lendemain matin, l'ambiance a déjà changé. Musiciens et comédiens s'installent sur place, prêts à assurer le spectacle. Partout règne une agréable frénésie au son des ballades. Nous sommes enchantés de faire partie des festivités. À cette occasion, nous avons investi dans des costumes d'époque à la demande de l'organisateur.

Très vite, les premiers visiteurs commencent leurs déambulations. Nous nous trouvons dans l'une des allées les plus passantes : c'est une véritable aubaine.

Par bonheur, Valentin m'accompagne, car même ensemble, nous ne savons plus où donner de la tête. J'ai dû préparer pour la Foire une sélection différente de d'habitude. J'ai notamment apporté de nombreux livres sur le Moyen Âge pour les petits et les grands. Comme toujours, les Chevaliers de la Table ronde font fureur, suivis de très près par les divers contes.

La littérature fourmille de princesses en tout genre, de guerriers valeureux. J'en profite aussi pour mettre en avant un nouvel auteur qui aborde la période peu connue du haut Moyen Âge, avec les invasions normandes. J'ai également renouvelé mon stock de livres de Ken Follett. Ces différentes fresques historiques débutées avec *Les Piliers de la Terre* séduisent toujours autant.

À midi, nos estomacs commencent à crier famine et nous n'avons pas vu le temps passer tant les visiteurs sont nombreux. Le petit déjeuner, certes copieux, avalé à six heures du matin, semble bien loin. D'autant qu'avec le vent, les effluves de la buvette viennent chatouiller nos narines depuis de trop longues minutes.

Mon mari se propose pour assurer le ravitaillement. Je suis soulagée lorsqu'il revient une vingtaine de minutes plus tard avec des assiettes pleines à craquer. J'ai bien envie de l'embrasser avec ferveur, mais la faim se révèle encore plus forte. Quelques minutes me suffisent pour engloutir mon repas. Le résultat ne se fait pas attendre ; mon estomac me rappelle vite à l'ordre, ce qui amuse mon cher et tendre.
 – Quand est-ce que tu prendras enfin le temps de manger tranquillement ? me demande-t-il d'un air désespéré.
 – Oui, mais j'étais carrément affamée.
 – Et maintenant, tu te sens tellement mal…

Il ne me connaît que trop bien ! Heureusement, l'activité reprend vite ses droits et m'aide à digérer ma gloutonnerie.
 Le week-end se poursuit sur le même rythme. Le dimanche après-midi, je me rends compte que mon stock de livres a fondu comme neige au soleil et je manque malheureusement quelques ventes. Je devrais prévoir des quantités plus importantes pour la prochaine fois, et pourquoi pas, convier un auteur pour organiser une séance de dédicaces. Je garde cette idée dans un coin de ma tête pour plus tard. Nous passons faire quelques emplettes chez nos voisins avant de remballer notre stand.

J'avais déjà repéré un magnifique collier chez les bijoutiers que je souhaite acquérir en deux tailles différentes. Paré d'émaux turquoise et émeraude ciselés adroitement, son originalité avait attiré tout de suite mon attention. Je leur avais donc demandé de me les mettre de côté. De son côté, Valentin a repéré un magnifique jeu d'échecs avec des pièces finement sculptées.

Il décide donc de le prendre pour Léo. Il souhaite l'initier à ce jeu de stratégie depuis un bon moment, sans en avoir encore eu l'occasion.

Nous saluons nos voisins et reprenons le chemin de la maison, épuisés, mais satisfaits. Eulalie avait raison, cette expérience fut riche et j'espère la renouveler dans les années à venir.

Demain, nous pourrons nous reposer. Je n'ai aucun engagement de mon côté et Valentin ne retourne au travail que mardi. Cette nouvelle journée se passe paisiblement et sans contraintes d'horaires.

Nous finissons par nous assoupir l'un contre l'autre devant un film que nous regardons à peine dix minutes, terrassés par la fatigue.

À une heure avancée dans la nuit, réalisant que nous sommes toujours dans le salon, nous décidons, tout somnolents, de rejoindre notre lit dans lequel nous ne tardons pas à nous rendormir.

Louise

40

Ce mercredi après-midi, lorsque j'arrive chez Odette pour notre traditionnel goûter, elle affiche fièrement son air bien facétieux. Comme si elle mijotait quelque chose… Étrange ! D'ailleurs, tandis que je la questionne, je me rends compte que mon intuition s'avère la bonne : elle esquive, avec subtilité, toute conversation sérieuse. De plus, je la vois très régulièrement lever les yeux vers la pendule du salon. Cette attitude attise encore davantage ma curiosité.

Toutefois, je semble la seule de notre groupe à suspecter Odette de nous dissimuler quelque chose. Je me laisse donc porter par la discussion, restant cependant à l'affût du moindre indice. J'aurai sûrement le fin mot de l'histoire à un moment ou à un autre.

Quand la sonnette retentit, Odette ne se montre pas surprise. Le visage fendu d'un grand sourire, elle se dirige de son pas alerte vers la porte d'entrée qu'elle ouvre en s'exclamant :

– Ah, Hector, te voici enfin, j'ai cru que tu n'arriverais jamais !

Il se tient bien droit dans l'embrasure, un magnifique bouquet de roses à la main. Visiblement, il s'est apprêté pour l'occasion, allant jusqu'à se parfumer à l'eau de Cologne, ce qui constitue une première.

– Oui, mais…, tente-t-il d'articuler.

– Bah, ne reste pas planté là. Entre, je t'en prie.

– Merci…

– Elles sont pour moi, ces fleurs ? Oh, mais, il ne fallait pas… réplique-t-elle, en lui coupant de nouveau la parole.

– Oui, cela fait si longtemps que je n'avais pas été invité quelque part que je voulais marquer le coup.

Il est soulagé d'arriver enfin à prononcer une phrase entière.

– Viens, je vais te présenter à mes compères, même si tu en connais certains déjà.

Je trouve que le convier à notre goûter se révèle une merveilleuse initiative. C'est un nouveau pas pour lui permettre de sortir enfin de sa solitude. Tournant la tête, à ce moment précis, vers Antoinette, je me montre très surprise de la voir devenir livide. *A priori*, cela semble avoir un rapport avec l'arrivée d'Hector. Pourtant, à ma connaissance, ils ont partagé les bancs de la primaire. L'attitude d'Antoinette apparaît vraiment bizarre… De son côté, visiblement, il ne l'a pas encore aperçue.

Odette commence en me désignant.

– Louise, que tu connais bien maintenant.

– Bonjour Hector, quelle belle surprise !

– Effectivement, bonjour, Louise, me répond-il en me souriant.

– Guillaume et Marie, des amis de longue date.

– Enchantés, s'exclament-ils de concert.

Hector vient de laisser glisser son regard sur Antoinette, comme s'il prenait conscience brutalement de sa présence. Tout à coup, ses yeux s'illuminent.

De surprise ?

De tendresse ?

Oui, des sentiments très forts semblent se confronter. L'air devient tout à coup électrique. Nous réalisons à cet instant qu'une scène cruciale se joue devant nos yeux.

Pourtant, personne ne paraît comprendre. Nous restons silencieux pour connaître le fin mot de l'histoire.

Alors, d'une voix chevrotante, il chuchote, le regard fixé sur elle :

— Antoinette… c'est bien toi ? J'ai tellement de mal à y croire !

Elle semble également sous le choc, nous l'entendons seulement murmurer :

— Juste ciel, Hector Duval, si l'on m'avait dit que je te reverrais un jour !

Odette, qui depuis quelques minutes se tait, ne tient plus en place et explose :

— Alors là, mes amis, je trouve votre réaction bien excessive. Il semblerait que j'ai loupé quelques épisodes, vous me devez des explications ! Et pas plus tard que tout de suite !

Je sens, à ce moment précis, l'urgence d'intervenir. En regardant Guillaume et Marie, je réalise que nous nous trouvons sur la même longueur d'onde. Nous décidons donc de fuir vers la cuisine, emmenant de force Odette, malgré ses protestations. Il était temps, car quelques secondes plus tard, elle commence déjà à râler :

— Les fripouilles, qu'est-ce qu'ils me cachent ? Je suis sûre maintenant qu'une drôle d'histoire se terre là-dessous ! Allez, j'y retourne, j'ai deux mots à leur dire…

D'un même mouvement, nous la retenons tous les trois et je lui déclare :

— Ce n'est pas le moment, laissez-les tranquillement à leurs retrouvailles.

Nous réussissons, tant bien que mal, à la canaliser quelques minutes supplémentaires.

Quand Antoinette vient dans la cuisine et nous invite à les rejoindre, nous sommes soulagés. En revanche, au vu du regard noir que lui lance Odette, elle risque de passer un mauvais quart d'heure lorsque nous serons partis. Antoinette connaît bien son amie, alors elle désamorce la crise de suite :

— Je te promets de tout te raconter en détail. Ce sera facile, ma mémoire a gardé fidèlement tous ces souvenirs, car ils revêtent un caractère si précieux pour moi.

— T'as intérêt, lui rétorque-t-elle toujours aussi furieuse.

Nous voyons bien que déjà, elle se radoucit malgré ses paroles légèrement acerbes. En même temps, en plus de soixante ans d'amitié, elle doit savoir comment prendre notre drôle de mamie !

Ils la regardent tous les deux avec tendresse. Effectivement, ni l'un ni l'autre n'avaient jamais raconté ce qu'ils avaient vécu ensemble. Hector pousse un soupir de soulagement et se tournant vers Antoinette, lui dit :

— Je te laisse raconter, tu as toujours été plus douée que moi avec les mots.

— Puisque tu le souhaites, je veux bien le faire.

Il acquiesce. Elle prend alors une grande inspiration et commence :

— Lorsque tu es partie dans le Sud, Odette, je me suis sentie très seule. Pendant son apprentissage, Hector revenait chaque week-end chez ses parents. Nous avons commencé à nous fréquenter très souvent comme nous étions voisins. Nous étions très amis et de fil en aiguille, l'amitié s'est transformée en quelque chose de plus profond. Mes parents ne considéraient pas notre relation d'un très bon œil. Ils trouvaient qu'un simple ouvrier n'était pas digne de moi. Nous avons donc continué à nous voir en cachette. Plutôt que d'affaiblir notre amour, cette clandestinité l'a fortifié. Celle-ci a duré un long moment sans que personne ne découvre notre secret. Tu vois, même à toi, ma meilleure amie, je n'en avais jamais rien dit. Nous attendions qu'Hector obtienne un travail stable pour pouvoir nous enfuir tous les deux. Nous étions prêts à tous les sacrifices pour pouvoir nous marier et vivre ensemble le reste de notre vie. Oui, mais voilà, tout ne s'est pas déroulé comme prévu. Mon père nourrissait de sérieux doutes sur le motif de mes sorties intempestives et il a commencé à m'espionner. Le jour où je devais rejoindre mon compagnon à Blois par le car, il m'a enfermée à clé dans ma chambre. Je n'ai pu en sortir. Ma mère m'a apporté mon repas sur un plateau et je suis restée recluse pendant plusieurs jours. J'ai pleuré toutes les larmes de mon corps, j'étais inconsolable. D'autant plus que j'imaginais la détresse d'Hector qui avait dû m'attendre pendant de longues heures. Lorsqu'enfin, mon père m'a permis de sortir de ma chambre, je n'ai pas osé reprendre contact avec mon amour. Je n'avais que dix-sept ans et je devais me plier à ses volontés. J'avoue ne pas avoir eu le courage de l'affronter. Sur son lit de mort, ma mère m'a appris que tu avais régulièrement essayé de me joindre (avoue-t-elle en regardant Hector), mais pour moi, il était trop tard, tu ne pouvais que m'avoir oubliée.

Hector profite de la fin de son récit pour s'approcher plus près d'elle. Antoinette se lève, fébrile. Il la fixe intensément, et se défend, la voix vibrante de sincérité :
— Jamais, tu m'entends, jamais je ne t'ai oubliée, comment l'aurais-je pu ?

Devant nos yeux ébahis, il la prend dans ses bras, avec une douceur incroyable. Délicatement, elle presse sa joue contre la sienne, puis redresse la tête pour le dévorer du regard. Je vois alors une larme couler sur la joue d'Antoinette. Les yeux d'Hector brillent intensément. Leur étreinte semble ne jamais prendre fin, elle est si vive. Nous nous sentons tous un peu gênés d'être projetés ainsi dans leur intimité. Plus personne n'ose rompre le silence qui s'est installé depuis de longues minutes. Finalement, Guillaume prend son courage à deux mains et s'exclame :

– Je pense que nous allons être bien incapables de faire un jeu aujourd'hui, mon palpitant se remet à peine de ces incroyables révélations. Il ne faudrait pas qu'il lâche prématurément. Ce n'est que partie remise ! Je crois qu'il est temps pour chacun de rentrer. Marie, on y va ?

Nous le remercions tous sans mot dire d'avoir su trouver les mots adéquats pour mettre fin à cette scène troublante et nous suivons rapidement son conseil. Antoinette et Hector s'esquivent aussi discrètement que possible, laissant Odette à ses réflexions.
Je prends également la poudre d'escampette.
Toutes ces émotions m'ont bouleversée et comme je suis une véritable guimauve, je n'étais pas loin de verser moi aussi ma petite larme.

Je me demande bien comment les prochains chapitres de leur histoire, après une telle interruption, vont s'écrire. Et puis, je l'avoue, j'ai vraiment hâte d'aller raconter tout ça à Valentin !

Odette

41

Une fois tous mes invités partis, je fulmine. Si elle croit qu'elle va s'en sortir avec de simples explications, elle se met clairement le doigt dans l'œil, l'Antoinette ! Non, mais, comment a-t-elle pu me cacher un pareil secret ? À moi, sa meilleure amie ? Et puis, lâcher cette bombe devant nos copains. Heureusement que je sais me tenir parce que là franchement, je me suis sentie sur le point d'exploser ! Moi qui lui ai toujours tout confié ! Je découvre que cette amitié s'avère à sens unique, je n'en reviens pas ! Une belle amitié à la noix, oui… Je ne vous dis pas tous les noms d'oiseaux émis par ma bouche après cette diatribe, certaines oreilles en seraient choquées donc je m'abstiens de vous en faire part. Quoique, je confesse que cela m'a soulagée d'extérioriser ma colère.

À peine rentrée chez elle, Antoinette m'appelle. Je ne lui réponds pas, ce serait trop facile. Elle laisse une dizaine de messages sur mon répondeur. Je suis tellement agacée par ce téléphone qui ne cesse de s'égosiller que je finis par carrément le débrancher. Si ça peut lui faire les pieds… Je plonge dans un bouquin pour me calmer.

Une vague de sérénité déferle en moi au bout d'une trentaine de pages. Apaisée, je prends connaissance de ce qu'elle veut me dire. Je sens les trémolos dans sa voix, sa détresse quant à mon silence.

Elle souhaite me voir pour en discuter à tête reposée dès le lendemain. Je ne sais pas. Je choisis de remettre ma décision, ne dit-on pas que la nuit porte conseil ?

Au matin, je me sens plus calme, je décide donc de répondre à son invitation. Mon visage, à mon arrivée, ne peut la tromper. Elle réalise immédiatement que je suis encore bien remontée. Elle sait pertinemment qu'avec mon caractère bien trempé, tout grain de sable prend toujours une importance démesurée. D'autant plus que dans le cas présent, il s'agit plutôt d'un gros caillou !

Elle me laisse m'installer confortablement sur le canapé. Au départ, ces mots restent rares et bien choisis. Elle attend *a priori* le moment adéquat pour entamer la discussion qui s'annonce électrique. Je cherche un point d'accroche pour tempérer mes nerfs. Mon regard circule sur le décor qui m'entoure. Cet endroit reflète la personnalité d'Antoinette. Tout y est très chic, tout comme l'ensemble de l'appartement d'ailleurs et pourtant, cet intérieur manque foncièrement d'âme. Un peu comme dans la chanson de Jean-Jacques Goldman, *La vie par procuration*. Vous savez, une vie sans lumière, sans joie. Triste à en pleurer…

Un profond silence plane sur cette entrevue. Seuls les bruits de tasses soulevées et reposées le brisent à intervalles réguliers. Lady s'est placée aux pieds de sa maîtresse, comme à son habitude. Pourtant, Antoinette semble véritablement ressentir l'envie de m'expliquer pourquoi elle m'avait caché son histoire avec Hector.

Elle patiente encore quelques instants, hésitante, puis commence :

– Tu sais Odette, je ne suis vraiment pas fière d'avoir gardé ce secret si longtemps, d'autant qu'il m'a miné tout au long de ces années.

– Tu peux, ne pas être fière. Personnellement, je me sens littéralement trahie ! J'étais là, j'aurais compris et je t'aurais soutenue pour le surmonter, je lui réponds d'un ton agressif.

– Je sais…

Ses yeux semblent me supplier de l'écouter, je fournis donc un effort :

– Certes ! Mais moi, je t'ai toujours tout raconté. Pourtant, parfois, j'aurais juste voulu me recroqueviller sur moi-même, ensevelie par mon chagrin… J'ai le sentiment que finalement, tu ne me fais pas confiance.

– Tu n'y es pas du tout. Ce n'est pas si simple. Au début, j'avais réellement honte de moi : je n'ai jamais su tenir tête à mon père. Il représentait mon modèle et je ne voulais, en aucun cas, le décevoir. Après l'épisode de la chambre, rien n'a plus jamais été comme avant. Hector est devenu un vrai sujet tabou. Les rares fois où j'avais essayé d'en parler, il s'était mis dans une telle colère que je n'avais plus tenté de revenir sur ce terrain à partir de ce moment.

– Je commence à comprendre. Mais les années sont passées, tu étais adulte, pourquoi ne pas m'en avoir fait part alors ?

– J'ai bien eu envie de le faire. Or, c'était à l'époque où l'état de Gabriel s'était détérioré. Tu étais toi-même complètement désespérée à un point tel que je ne voulais pas t'accabler davantage.

– Tu ne penses pas que cela aurait été à moi d'en juger et non à toi ? Je crois que tu as oublié ce que cela représentait d'être amies. De vraies amies, j'entends…

Antoinette se sent perdue, je le vois dans son attitude. Visiblement, elle réalise que ce qui me gêne le plus tient au fait qu'elle ne se soit pas reposée sur moi au moment où elle en ressentait le besoin le plus grand. Mon altruisme la touche terriblement.

– Avec le recul, tu as absolument raison, j'aurais dû te confier ce secret…

– Sans aucun doute ! Une véritable amie est celle qui t'accompagne quand les événements tournent mal, pas seulement lorsque tout va bien. Est-ce que tu comprends mon argumentaire ? Car là, je me sens profondément meurtrie.

– Oui, je comprends et je te prie d'accepter mes plus sincères excuses. Mais je ne l'ai fait que pour te préserver. Sûrement aussi parce que je m'en voulais tellement que ne pas en parler permettait de tenir loin de moi ces sentiments si douloureux. Comme si je faisais en sorte que tout ne soit qu'un mauvais rêve…

– Je peux entendre tes mots et je te pardonne, parce c'est toi. Tu étais habitée des meilleures intentions, et je serais bien incapable de t'en tenir rigueur durablement. Maintenant que je connais toute la vérité, puis-je te prodiguer un précieux conseil ?

– Bien entendu, je t'écoute.

– La vie, par le plus pur des hasards, vient de t'offrir une seconde chance de vivre ton histoire avec Hector jusqu'au bout. Alors, fais-moi le plaisir de saisir la balle au vol ! Sinon, je te garantis que je te mettrai un bon coup de pied aux fesses et je ne me montrerai plus aussi clémente. Même si j'avoue que j'ai des doutes sur le fait que je puisse monter mon pied jusqu'à ton postérieur. Mais bon, je crois que tu as saisi l'idée générale ?

– Tout à fait, et je n'ai pas envie de vérifier si tu es encore capable de mettre tes menaces à exécution !

– M'en voilà ravie.

Très vite, nous reprenons nos papotages. Tout voile sur notre amitié est maintenant levé. Effectivement, comment pourrait-il en être autrement ? Plus d'un demi-siècle à être si proches, il en faudrait beaucoup plus pour nous séparer.

Dans un coin de ma tête, je réalise que j'ai encore un petit secret que je n'ai pas divulgué à Antoinette.

Cependant, comme ce n'est pas le mien, mais celui d'Hector, j'estime qu'il ne m'appartient pas de lui révéler. Je lui laisse le soin de tout lui dire, maintenant qu'ils se sont retrouvés.

Louise

42

« Quand on jette des petits bouts de bonheur dans la vie d'autrui, l'éclat finit toujours par rejaillir sur soi. »
Louis Fortin

En cette toute fin d'été, pour notre plus grand plaisir, Suzanne et Joël nous ont conviés à dîner. Nous peinons à nous retrouver tous ensemble en raison de nos rythmes de vie effrénés et cela nous manque cruellement. Alors, lorsque mon amie m'en a parlé, j'ai été d'autant plus ravie que Marc et Élise se joindront également à nous.

Afin de profiter de ce moment de calme avant la folie de la rentrée, nous avons déposé les enfants chez ma mère. Elle a même insisté pour nous les ramener que le lendemain après-midi. Je pense surtout qu'elle adore passer du temps avec ses petits-enfants qui le lui rendent si bien.

Lorsque nous arrivons, notre couple d'amis est tranquillement installé sur le banc qui donne sur l'entrée. Désormais, leurs enfants devenus grands, ils goûtent, avec délice, à leur intimité retrouvée. Je les trouve d'ailleurs plus heureux que jamais. J'ai toujours aimé voir les personnes qui m'entourent respirer le bonheur.

Marc et Élise ne tardent pas à faire leur apparition. La table dressée sous la pergola a été recouverte d'une nappe colorée et au centre, de superbes pivoines s'étalent dans un vase volumineux. En cette fin août, la chaleur est encore bien présente et nous savourons les quelques courants d'air que cet emplacement nous apporte.

Très vite, les conversations s'enchaînent. Le jeune couple nous conte, avec force détails, ses pérégrinations dans la forêt de Brocéliande. Nous l'écoutons avec attention.

– Nous cherchions un hébergement insolite et nous sommes tombés sur ce moulin situé à l'orée du bois sur un chemin de grande randonnée, commence Marc.

– En plus, pour y parvenir, nous avons dû prendre un chemin de terre pendant presque un kilomètre. Tout autour de nous, des champs aux cultures abondantes nous masquaient l'horizon. Nous nous sommes même demandé si nous ne nous étions pas trompés de route à un moment lorsqu'au détour d'un virage, nous l'avons vu dépassé des feuillages, continue Élise.

– Le plus drôle, c'était de voir les randonneurs passer sur le sentier, s'arrêter pour admirer le moulin et…

–… De se rendre compte qu'il était habité, et de s'excuser auprès de nous de leur intrusion, poursuit Élise.

– Oui, cette situation s'est renouvelée fréquemment, car le cadre idyllique nous invitait à prendre l'apéro au-dehors chaque soir, renchérit Marc.

– Mais pour l'eau et l'électricité, comment vous êtes-vous débrouillés s'il était complètement isolé ? s'inquiète Joël.

– Les propriétaires l'ont rendu parfaitement autonome avec sa réserve d'eau et ses panneaux solaires. Ils ont même installé une cabane en bois pour les toilettes au fond du jardin, comme au bon vieux temps.

– Le calvaire ! Et si tu as envie de faire pipi la nuit, tu es obligé de sortir du moulin ? interroge Suzanne, dubitative.

– Non, pour la nuit, nous nous servions des toilettes sèches de la salle de bains, nous rassure Élise.

– La superficie du moulin permet-elle d'y aller à quatre ? demande mon mari.

– Bien sûr, il est d'ailleurs prévu pour.

– Oh toi, tu as encore une idée derrière la tête ! je lui lance, intriguée.

– Bah oui, ce serait super d'y aller avec les enfants. En mode aventurier ! Vous me donnerez les coordonnées des propriétaires, je dois regarder cela de plus près, renchérit Valentin.

Pendant toute la conversation, je m'amuse à observer Marc et Élise. L'un commence les phrases que l'autre termine. Une réelle complicité naît au fur et à mesure. Leur histoire semble vraiment sur de bons rails. Il passe son temps à lui caresser le cou ou le bras et chaque fois, elle le gratifie d'un sourire amoureux. De plus, il émane d'eux une douce sensualité comme lorsque des corps sont habitués à bouger l'un avec l'autre, les nuits doivent sûrement se révéler torrides, et sans doute pas que les nuits…

Mais là s'arrêtent mon investigation et ma curiosité, à chacun son jardin secret. Même si je suis persuadée que vous aimeriez bien en savoir plus… À vous de faire fonctionner votre imagination ! Si l'on m'avait dit que ces deux-là se seraient plu, l'aurais-je cru ? Pas sûr !

Nous continuons avec d'autres anecdotes de notre été. Avec près de deux mois sans nous être vus, les nouvelles à partager sont nombreuses. En quelques phrases, je leur raconte les différents événements auxquels nous avons participé sous l'égide de la librairie, de nos réussites ainsi que de mes nombreuses idées pour l'année prochaine.

Pour les faire rire, mon mari leur fait le récit de ma dernière brocante en tant qu'exposante non professionnelle. Une vraie calamité ! J'avais commencé par une crevaison, m'obligeant à appeler Valentin à la rescousse, car je suis bien entendu incapable de changer seule une roue. C'en était suivi, deux heures à peine après être enfin installée, une torrentielle pluie d'orage. J'avais donc dû remballer dès le début d'après-midi en ayant réalisé seulement 10 € de bénéfices, et j'avais passé tout le reste de l'après-midi à tout lessiver (sous le soleil, évidemment !), en râlant comme un putois, cela va sans dire.

J'aurais préféré qu'il passe cet épisode sous silence, mais bon… Mes amis rigolent bien à son histoire, car mes déboires de Miss Malchance leur avaient cruellement manqué !

Pour détourner l'attention et pour couper court à d'autres récits de mes mésaventures, je leur annonce l'incroyable révélation d'Antoinette et d'Hector. Ils sont ébahis et chacun y va de son petit commentaire, surtout les filles et leur côté bisounours.

D'ailleurs, Élise lâche même un « *Oh, c'est trop mignon !* »

En réalité, nous sommes tous attendris par cette belle histoire.

Suzanne et Joël nous donnent des nouvelles de leurs grands enfants. Nicolas, l'aîné, entre en troisième année de pharmacie et surtout, il tente la vie de couple en emménageant avec Célia, sa petite copine du lycée. Ils ont été assez surpris de la décision, mais ils l'estiment suffisamment âgé pour faire ses propres choix. Quant à Noé, leur cadet, il s'avère tout heureux d'avoir trouvé un maître de stage pour réaliser son BTS en alternance à la rentrée. Comme le lycée se situe à côté de La Roche-sur-Yon, ils lui ont pris une chambre chez l'habitant dans un village tout proche.

Cela m'interpelle de les entendre se réjouir du départ de leurs enfants. De son côté, Valentin me lance un regard limpide. Comme moi, il n'est absolument pas pressé de voir s'envoler les nôtres. Suzanne surprend notre échange silencieux et nous rassure aussitôt, car elle comprend à merveille notre sentiment :

— On s'y prépare peu à peu, au fur et à mesure des années. Déjà, à l'adolescence, ils réclament cette part d'autonomie que nous ne pouvons leur refuser. Je me suis finalement rendu compte que nous ne faisons pas d'enfants pour les garder à nos côtés toute la vie. Ce n'est pas parce que nous les laissons partir que nous ne nous inquiétons plus pour eux, bien au contraire. Mais en tant que parents, nous avons fait notre maximum pour qu'ils deviennent des adultes capables de prendre leurs propres décisions. Les bonnes comme les mauvaises, mais les secondes s'avérant aussi importantes et nécessaires que les premières pour apprendre et avancer.

— Quoi qu'il en soit, renchérit Joël, ils savent que s'ils ont besoin de quelque chose, il leur suffit de demander. Nous serons toujours là pour eux.

— Mais j'ai une confession très égoïste : quel bonheur de se retrouver seulement à deux ! C'en est fini de courir pour les emmener chez les copains, au sport, à l'école… Car vous verrez, à un certain moment de notre vie, nous avons juste l'impression de devenir un chauffeur de taxi ! se défend Suzanne.

— En plus de devenir un hôtel-restaurant ! renchérit Joël.

— Oui, c'est bien ce que je pensais. Nous allons donc bien en profiter pendant qu'ils sont encore petits, essaie de se rassurer Valentin.

— Et nous, nous allons peut-être y réfléchir à deux fois avant d'en faire, poursuit Marc en souriant.

— Je ne me souviens pas d'avoir jamais eu une telle discussion, rétorque Élise, intriguée.

— Cela pourrait venir… insiste-t-il, mais il ne semble pas décidé à se montrer plus précis.

Joël met fin à la joute verbale en riant :

– Ouh là, moi, je suis pour la paix des ménages ! Ce n'est pas tout ça, mais je ne vais pas me nourrir que de cacahuètes… et vous non plus, je suppose ?

Et il se lève, devant nos regards amusés, pour se diriger vers la cuisine et en rapporter le reste du repas. Il a toujours gardé ce don particulier de désamorcer des situations qui risquent de s'envenimer.

La fin de la soirée se déroule dans une agréable torpeur, nous rappelant à quel point nous aimons nous retrouver tous ensemble. Nous nous quittons en nous promettant de réitérer ce repas très prochainement et regagnons chacun nos pénates.

Hector

43

« Il n'y a pas de hasard, il n'y a que des rendez-vous. »
Paul Éluard

J'ai convié Antoinette à la maison dès ce matin. Je me sens particulièrement fébrile comme nous ne nous sommes pas revus depuis ce fameux goûter. La force de mes sentiments m'a subjugué à la seconde où mes yeux se sont posés sur mon amour de jeunesse.

Pendant des décennies, jamais je n'avais cessé de penser à elle, de me demander pourquoi elle n'était pas venue à ce rendez-vous qui devait signer notre entrée dans notre nouvelle vie. Bien sûr, au début, je lui en avais voulu, ce qui peut paraître tout naturel. Pourtant, au fond de mon être, je savais pertinemment que cet imprévu ne devait pas lui incomber.

Désormais, le déroulé des événements, ainsi qu'elle les avait relatés, montrait bien que mon intuition s'avérait la bonne. N'ayant plus aucune nouvelle de sa part, j'avais bien tenté de l'oublier. Jusque-là, je croyais y être parvenu. Cependant, force est de constater qu'au vu de ma réaction lors de cette rencontre impromptue, mon cœur, lui, avait gardé la mémoire intacte.
Ses battements s'affolent devant cette angoisse oppressante qui monte peu à peu à quelques minutes de son arrivée.

Possède-t-elle toujours pour moi la même inclinaison ?

Saurais-je la reconquérir, car j'ai désormais compris que c'est mon souhait le plus précieux ?

Pour me montrer à mon avantage, j'ai astiqué ma maison de fond en comble, allant même jusqu'à traquer la moindre trace de poussière. J'ai également disposé, sur la table du salon, un splendide bouquet réalisé avec un assortiment de fleurs du jardin. D'odorantes roses de divers coloris, des lys et un énorme tournesol se côtoient en diffusant leurs chatoyantes couleurs grâce aux rayons du soleil qui filtrent par la porte-fenêtre. Maintenant que tout est en place, je ne peux m'empêcher de faire les cent pas.

Je rajuste un coussin, je redresse un livre dans la bibliothèque, signes incontestables de ma terrible anxiété. Et si une nouvelle déception m'attendait ? Quelle serait ma réaction ?

Enfin, la cloche retentit et je me précipite vers la porte d'entrée, si vite que je manque de me prendre les pieds dans le paillasson. Antoinette se tient sur le seuil pour mon plus grand bonheur. Vêtue d'une magnifique robe mi-longue de couleur rose pâle au discret décolleté et d'un chapeau assorti, elle m'apparaît si éblouissante que les mots restent bloqués dans ma gorge.

Devant mon soudain mutisme, elle prend les devants et me demande d'une voix harmonieuse :

— Bonjour, Hector, puis-je entrer ?

— Bien entendu, quelle question ! Excuse-moi, je doutais que tu viennes et te revoir me comble de joie.

— J'aurais eu bien du mal à ne pas répondre à ton invitation, réplique-t-elle.

Ses joues se parent d'une légère teinte rosée, diablement craquante. Quelque peu rassuré, je l'invite à pénétrer dans la maison. Je la conduis dans le salon, lui tire une chaise pour qu'elle puisse s'asseoir. Pour me donner une contenance, j'ajoute :

– Puis-je t'offrir une boisson ?

– Oui, je te remercie. Pourrais-tu m'apporter un thé ?

– Je passe en cuisine et je reviens très vite.

Je profite de ces quelques instants de répit pour me remettre de mes émotions. Mon cœur bat à tout rompre dans ma poitrine, je dois me calmer au plus vite. Le moment serait mal choisi qu'il me lâche alors que mon premier amour est installé à quelques mètres de là. Je m'adosse à l'évier pendant que l'eau se met à bouillir. Voilà, c'est bon, je commence à reprendre pied. Le clic de la bouilloire me tire de mes songes. Je la positionne sur un plateau avec la boîte des thés et ma vieille cafetière. Un petit remontant ne peut pas me faire de mal.

Tout doucement, je le dépose sur la table. Antoinette me glisse alors un sourire amusé :

– Incroyable ! Tu l'as encore ?

Je comprends immédiatement son propos lorsque j'aperçois son regard posé sur la cafetière.

– Oui, elle ne m'a jamais quitté. Je la bichonne depuis toutes ces années. Lorsqu'elle est tombée en panne, je l'ai même fait réparer le plus vite possible. Ainsi, chaque jour, elle me rappelle notre histoire. Elle apparaît vieille et usée, comme moi, et pourtant elle espère résister encore quelques belles années.

– Oh, Hector, tu n'es pas si vieux ! Je me souviens que c'était le seul objet que nous avions acheté pour notre futur chez nous. Je me suis souvent demandé si tu l'avais conservée.

– Désormais, tu sais que c'est le cas.

Un silence gêné s'installe. Comment se parler simplement lorsque l'on ne s'est pas vus depuis une cinquantaine d'années ? Par où commencer ? Au début, nos yeux sont baissés sur notre breuvage, puis, peu à peu, nous relevons la tête et nous nous cherchons du regard. Une fois de plus, Antoinette ose le premier pas :

– Ce n'est pas facile… de trouver les mots…

– C'est vrai… Pourtant, j'ai tellement de choses à te dire, mais saurais-je les formuler au mieux ?

Je glisse délicatement ma main vers la sienne et la saisis avec une infinie douceur.

– Comme tu m'as manqué ! Ce contact de mes doigts sur ta peau me donne toujours autant de frissons.

– Je sais… Cela me fait le même effet.

– Réellement ? Ressens-tu toujours la même chose pour moi aujourd'hui qu'à l'époque ? j'ose lui demander, la voix tremblante.

– J'en ai bien l'impression. Pourtant tous ces sentiments étaient si profondément enfouis au fin fond de mon être. Jamais je n'aurais pensé qu'un jour, ils refassent surface avec tant de force.

– Oh, Antoinette, tes paroles me chavirent de bonheur ! J'étais terrifié à l'idée que tu n'éprouves plus rien pour moi désormais.

– C'est moi qui aurais dû être terrorisée. Je t'ai brisé le cœur et tu es là, à douter de mon amour, s'esclaffe-t-elle d'une voix qui devient murmure.

Voyant son chagrin, je me lève et je l'invite à faire de même. Je l'enlace avec tendresse, lui caressant les cheveux, lui susurrant des mots d'amour. Le son de ma voix a quelque peu changé, mais mes mots et mes sentiments restent identiques. Nous restons ainsi, blottis dans les bras l'un de l'autre, versant des larmes si longtemps retenues. Nos pleurs semblent laver toutes les souffrances passées. Au fur et à mesure, nos yeux s'éclaircissent et une nouvelle lueur brûle intensément dans nos pupilles tandis que nos regards se croisent de nouveau. Tranquillement, nous nous rasseyons tout près l'un de l'autre.

Ma chère et tendre reprend alors la parole :

– Je ne te laisserai plus jamais partir désormais !
déclare-t-elle d'un ton très solennel.

– Je l'espère de tout mon cœur.

Maintenant que les premiers instants de retenue sont
dépassés, nous ne pouvons plus nous arrêter de parler.
L'émotion nous saisit lorsque nous réalisons que nous avons
mené tous les deux, chacun de notre côté, une existence
terriblement triste, car dépourvue d'amour. En fin d'après-
midi, nous nous décidons à sortir pour une courte
promenade. L'impression d'avoir rajeuni d'une dizaine
d'années nous submerge tant notre bonheur tout neuf nous
donne des ailes. D'ailleurs, ma compagne se moque de nous
ouvertement :

– Les personnes qui nous croisent doivent nous prendre
pour deux vieux fous à sourire comme des demeurés, me
fait-elle remarquer, amusée.

– Peu importe ce que les gens disent, il y a fort longtemps
que je ne me suis pas senti aussi léger.

– Et moi donc…

En fin de journée, elle m'explique qu'elle doit
malheureusement prendre congé. Lady, sa chienne l'attend
sûrement avec impatience, pour sortir à son tour. La
séparation se révèle difficile, mais elle me promet de revenir
dès le lendemain, cette fois avec elle. Je dépose un tendre
baiser sur ses lèvres empreint d'une infinie délicatesse en
guise d'au revoir. Je peux deviner à son sourire qu'une nuée
de papillons vient de s'envoler dans son ventre.

Que cette sensation se dévoile douce et agréable !

À peine la porte fermée, je me surprends même à
fredonner. Il y a tant d'années que je ne l'avais pas fait…

Hector

44

> « Le mariage c'est la volonté à deux de créer
> l'unique. »
> Friedrich Nietzsche

Les jours suivants se déroulent comme une évidence. Peu à peu, nous retrouvons notre complicité d'antan. Le sentiment que nous ne nous sommes jamais perdus nous étreint. Nous passons des heures à nous promener, à discuter, à rire inlassablement. D'ailleurs, ces heures de connivence font gentiment râler Odette, car Antoinette n'a jamais été aussi occupée. Cependant, comme elle se montre très heureuse de voir son amie si épanouie, elle prend son mal en patience.

Le vendredi suivant, comme à son habitude, Odette vient m'accompagner pour la séance de lecture que nous avons conservés malgré mes progrès car nous apprécions ce temps passé ensemble. J'avoue ne pas encore avoir eu le courage de parler de mes difficultés à ma compagne. Alors que je l'informe de mon angoisse, mon amie me rassure : pour elle, aucun doute, mes difficultés ne lui poseront aucun problème. Elle est même persuadée que celle-ci m'aidera avec beaucoup de bienveillance dans mon apprentissage.

Plus serein, je lui promets donc de tout lui en dire dans les plus brefs délais.

En fin de matinée, Odette se rend compte de mon inquiétude. Très intuitive, elle comprend que je souhaite lui avouer quelque chose, mais que je n'ose pas franchir le pas.

Sa curiosité ne faiblit en aucun cas, par conséquent, elle se décide à me questionner pour obtenir mon aveu :

– Je sens bien qu'une question te brûle les lèvres, je me trompe ?

– Tu as raison. Comme souvent d'ailleurs, à mon grand désespoir !

– Et tu vas te décider à me le dire ?

– C'est que… c'est un peu gênant, je me défends.

– Gênant à quel point ? Tu ne vas quand même pas me parler de sexe tout de même ? grimace-t-elle.

Comme je lui présente un visage outré, elle réalise qu'elle s'est fourvoyée. Elle essaie donc, avec sa gouaille légendaire, de se rattraper aux branches.

– Visiblement, vu ta tête, je fais fausse route !

– Effectivement. En réalité, depuis quelques jours maintenant, une idée me trotte dans la tête. Mais je ne sais pas si je ne précipite pas un peu…

– Tu ne peux pas en venir directement au fait, plutôt que de prendre les chemins de traverse ? s'agace-t-elle.

Devant sa détermination, je prends une profonde inspiration et déclare dans un souffle :

– J'aimerais demander à Antoinette de m'épouser.

Odette s'avère tellement surprise, que pendant quelques instants, elle se montre incapable de prononcer la moindre parole. Mais son naturel revient très vite au galop.

– Ben là, mon vieux, j'avoue que tu m'en bouches un coin.

– Et donc, qu'est-ce que tu en penses ?

– Ce que j'en pense…

Mes traits sont rongés par l'angoisse, je ne sais pas du tout pas à quoi m'attendre. Alors, lorsqu'elle se lève brusquement et s'approche de moi, je marque un net mouvement de recul : malgré sa petite taille, cette femme s'avère impressionnante. Toutefois, ma réaction ne l'empêche pas de me claquer une énorme bise sur la joue qui me laisse proprement pantois.

– Tu m'expliques ? Car je ne suis pas sûr de saisir le sens de ce baiser…

– Hector, cette idée est absolument fabuleuse ! Je vous souhaite tous mes vœux de bonheur. Bon alors, quand est-ce qu'on commence les préparatifs ?

– Je devrais sans doute commencer par demander sa main à la principale intéressée ? Ce serait un juste point de départ, n'est-ce pas ?

– Je suis sûre qu'il ne s'agira que d'une formalité. Comment comptes-tu t'y prendre ?

– Je voulais l'inviter au restaurant, pour faire les choses bien, mais j'avoue que j'ignore où l'emmener. Aurais-tu quelques bonnes adresses à me conseiller ?

– Il y a une éternité que je n'y suis pas allée, mais juste quelques heures de radio potin, en toute discrétion cela va sans dire, me suffiront pour te trouver l'endroit idéal. Tu me fais confiance ?

– Bien entendu ! Je peux compter sur toi pour tenir ta langue ?

– Pour sûr, je ne saurais gâcher une pareille surprise à ma meilleure amie.

– Je te remercie.

– Du coup, je file, car j'ai du pain sur la planche. Je te tiens au courant très vite.

– J'attends donc avec impatience de tes nouvelles. Bonne journée, Odette !

– À plus, Hector !

En quelques secondes, elle récupère ses affaires et repart à la vitesse de l'éclair, tout du moins à celle de l'éclair pour une dame de son âge. Je suis réellement soulagé de la réaction de mon amie. Je me sens désormais encore plus confiant au sujet de ma décision.

En effet, je voulais demander à Antoinette de venir s'installer avec moi, mais je ne pouvais l'envisager sans être au préalable marié avec elle. Je suis conscient que la société a évolué, mais cette idée demeure pour moi quelque chose qui ne se fait pas. De plus, je ne veux plus perdre de temps. Je souhaite passer le reste de ma vie à ses côtés. Ces quelques jours, en sa compagnie, m'ont prouvé à quel point mon existence pouvait devenir d'une douceur infinie, à l'opposé même de ce qu'elle était jusque-là. Je me sens revivre, littéralement.

Je réserve une table dans un charmant restaurant troglodyte, situé à quelques kilomètres de chez nous, sur les conseils avisés d'Odette. Pour préparer au mieux cette soirée si particulière, je pars en quête de la bague qui conviendra le mieux à ma future épouse. Dans cette optique, je me rends dans une grande bijouterie de Blois. Je commence par regarder chaque vitrine. Je suis complètement dépassé. Pour moi, c'est une première, jamais je n'ai eu à choisir de bijou à offrir. Donc, lorsque la vendeuse m'interpelle pour me proposer ses services, je lui annonce que je recherche une bague de fiançailles. Celle-ci se montre interloquée :

— Monsieur, est-ce que je peux me permettre de vous demander si c'est vous qui comptez l'offrir ?

Je suis légèrement agacé par la réaction de la jeune fille, alors je lui rétorque d'un ton acerbe :

— Évidemment, vous voyez bien que je suis seul et je ne vois pas pourquoi je viendrais à la place de quelqu'un d'autre !

— Excusez-moi, mais… Il n'est guère fréquent qu'un homme de votre âge fasse ce genre de demande. Cependant, c'est tout à votre honneur. Veuillez pardonner ma surprise.

— Bon, ça ira, je ne vous en veux pas. Donc, qu'avez-vous à me proposer ?

La vendeuse m'entraîne vers une vitrine sur la gauche et m'explique :

— Pour une bague de fiançailles, vous avez un large choix. Souhaitez-vous une pierre particulière ? Souvent, les clients optent pour un diamant, car il symbolise la pureté de l'amour. Sinon, vous pouvez choisir un bijou plus simple ?

Je me tais, car je me montre bien incapable de répondre à ses interrogations. Tout me semble si compliqué. Devant mon hésitation, la jeune fille me précise :

— Je vous laisse réfléchir, mais vous n'hésitez pas à me faire signe dès que vous avez besoin de moi.

Je me sens tout à fait perdu devant cette décision à prendre, et je réalise qu'un soutien de confiance s'avère nécessaire. Immédiatement, je pense à Louise pour m'épauler. Je prends donc congé et rentre chez moi, totalement perturbé, mais prêt à demander de l'aide à mon amie.

Hector

45

Dès mon retour, j'appelle Louise pour lui dire que j'ai besoin qu'elle me rende un service. Elle m'invite à passer le soir même chez elle.

Elle m'accueille avec un brin d'excitation. Ma requête a dû attiser sa curiosité. Rapidement, elle me questionne :

— Alors, Hector, que puis-je faire pour toi ?

Devant son impatience, je ne tergiverse pas :

— Je voudrais demander Antoinette en mariage…

— Quelle fabuleuse nouvelle ! Et donc elle a dit oui ? me coupe-t-elle.

— Non, justement car je ne lui ai pas encore fait ma proposition.

— Qu'est-ce que tu attends ? Tu as peur ?

— Non, pas vraiment. C'est que… je ne sais pas quoi lui prendre comme bague de fiançailles, je n'ai jamais fait cela, moi…

— Et donc, tu as besoin de moi pour y parvenir ?

— Exactement, j'approuve reconnaissant.

— J'en suis flattée. Tu voudrais que je t'accompagne pour la choisir ?

— Ce serait fabuleux.

— Je peux me rendre disponible demain après-midi, si c'est bon pour toi ?

– Parfait ! Je te remercie, je te laisse à ta famille, elle ne devrait pas tarder. Bonne soirée, Louise, déclare-t-il en se levant du canapé sur lequel nous sommes assis.

– Hector, attends ! Avant que tu ne partes, je voulais te montrer quelque chose.

Elle me conduit jusqu'à leur bibliothèque. Lorsque je me rends compte qu'ils possèdent plusieurs éditions originales de Jules Verne, je suis abasourdi. D'une voix frêle, le doigt tendu vers les rayonnages, je lui demande :

– Je peux ?

– Bien entendu, si tu le souhaites, tu peux les feuilleter pendant que je vais préparer à manger. Tu restes dîner ?

– Je ne voudrais pas te déranger !

– En aucun cas. De plus, les enfants et Valentin seront ravis de te connaître mieux depuis le temps que je les fatigue avec mes histoires.

– D'accord, j'accepte donc avec plaisir. Merci, Louise.

– Je t'en prie Hector, ce plaisir est partagé.

Resté seul, je contemple un moment les précieux exemplaires. Quelle magnifique collection ! J'imagine parfaitement le sourire de mon père s'il s'était trouvé à mes côtés à ce moment précis, il n'en aurait pas cru ses yeux. Des bruits de pas dans le couloir, qui s'approchent doucement, dirigent mon regard vers la porte. J'aperçois une petite tête qui se penche dans l'embrasure et qui s'exclame :

– Vous, vous devez être Hector, c'est ça ?

– Tout à fait, jeune homme. Et toi, tu es ?

– Je m'appelle Léo, je suis le fils de Louise.

– Je m'en serais douté. Ravi de faire ta connaissance, je lui réponds en lui tendant la main.

Le garçon semble apprécier ce signe de distinction que l'on adresse aux personnes plus âgées. J'ai donc marqué des points et je m'en réjouis.

Satisfait, il poursuit :

– Que regardez-vous ?

– Les ouvrages de Jules Verne de tes parents. Tu les connais ?

– Bien sûr, ils nous les lisent depuis que nous sommes tout petits. Mon préféré, c'est *Voyage au centre de la Terre,* et vous ?

– Chouette ! Moi, j'ai un faible pour *L'Épave du Cynthia*.

– Je ne connais pas, ça parle de quoi ?

– Il raconte l'histoire d'un bébé qui est retrouvé à la suite d'un naufrage au large de la Norvège. Lorsqu'il devient jeune homme, il part à la recherche de ses origines.

– Il a l'air bien, vous voudrez bien me le prêter que je le lise ?

– Dès que je l'aurai relu, promis, je te l'apporterai. Vois-tu, cela ne fait pas longtemps que j'ai remis la main dessus et je voudrais en profiter encore un peu.

– Je comprends, c'est cool ! Vous mangez avec nous ?

– C'est ce que j'ai cru comprendre.

– Eh bah, vous n'allez pas vous ennuyer ! affirme-t-il, tout en repartant en courant vers sa chambre.

Un sourire éclaire mon visage. Je sais désormais à qui je pourrai transmettre ma précieuse édition. Cette idée me ravit. Je passe les minutes suivantes à feuilleter, avec un plaisir incroyable, les merveilleux ouvrages qui se trouvent devant moi. Au milieu de tous les dos rouges, comme un intrus, j'aperçois une couverture toute bleue. Je saisis délicatement le livre. Je déchiffre le titre avec une immense satisfaction : *Hector Servadac*. Une frise fleurie orne le contour ; au centre, une sphère armillaire où est inscrit en lettres d'or *Voyages extraordinaires*, Jules Verne. Quel bonheur de pouvoir désormais lire tous ces mots ! Ma vie a tant changé en quelques mois et un tournant encore plus radical s'annonce les jours prochains. J'ai, à cet instant, une pensée émue pour mes parents, où qu'ils soient. Ils auraient été si contents de me voir si heureux.

La soirée se révèle effectivement bien amusante et en partant, je ne manque pas de complimenter Louise sur sa merveilleuse famille. J'ai découvert la facétieuse Constance et son incroyable verbiage, la gentillesse de Valentin et la réserve de Léo qui me fait tellement penser à moi lorsque j'étais enfant.

Le lendemain, Louise m'emmène pour choisir la bague pour Antoinette. Elle n'a pas perdu de temps, car elle a déjà pris des renseignements auprès d'Odette. Notamment, information essentielle, le tour de doigt de ma promise.

Elle jette un rapide coup d'œil aux différentes vitrines, puis elle m'invite à approcher :

– Je pense que ce solitaire avec ce magnifique diamant serait parfait. À la fois chic et discret, il ressemble en tout point à notre Antoinette.

– Je me fie complètement à ton bon goût féminin.

Ravie de la confiance que je lui porte, elle informe la vendeuse de notre choix. Une fois la boîte avec l'anneau dans les mains, je ne peux cacher ma fébrilité. J'y suis !

Ses questions fusent sur la route du retour :

– Quand est prévu le grand jour ? me demande-t-elle.

– Je l'ai invitée demain soir dans un restaurant dont Odette m'a donné les coordonnées.

– Pas trop stressé ?

– Affirmer le contraire serait mentir. Cependant, je n'ai plus de temps à perdre alors je dois avoir le courage de me lancer.

– Tu ne fais que ça en ce moment, l'époque des grands chamboulements s'annonce.

– Oui, c'est aussi angoissant que vivifiant.

– J'en suis très heureuse pour toi.

Ensuite, notre conversation dévie vers mes progrès en lecture. Je lui apprends que j'en ai parlé à Antoinette la veille, qui s'est montrée ravie d'apporter sa pierre à l'édifice et a proposé à Odette de prendre le relais.

– Nous avons même entamé le livre de mon père. Avec elle à mes côtés, j'ai le sentiment que je peux gravir des montagnes. Mais je n'oublie pas que sans votre aide précieuse au départ, je ne serais jamais arrivé à cette étape aujourd'hui.

– Tu peux surtout te sentir fier de toi et de ta volonté de reprendre ta vie en main !

– Merci, Louise. Au fait, sacrés trésors que tu possèdes dans ta bibliothèque !

– Oui, nous en sommes très satisfaits d'autant qu'ils nous ont demandé de longues heures de recherche !

– La relève semble assurée : j'ai pu voir la même passion brûler dans les yeux de Léo.

– Pour notre plus grand plaisir effectivement. N'hésite surtout pas si tu veux en lire quelques-uns, notre porte reste grande ouverte.

– Je te remercie.

Antoinette

46

Ce soir, je passe un temps infini à me préparer. Plusieurs fois, j'ai passé une toilette avant de me déshabiller en voyant mon reflet dans la psyché. D'ailleurs, mon dessus de lit a disparu sous la montagne de vêtements. Je finis par me décider pour un chemisier uni cintré qui met en valeur ma taille restée fine malgré les années. Je complète ma tenue d'une jupe crayon qui me descend jusqu'aux genoux, je n'ai pas pour habitude de trop en montrer.

Nul besoin de collant ni de bas. L'été, encore proche, a laissé sur ma peau un doux ton hâlé. Pour ma coiffure, je souhaite me présenter sous un jour moins strict et surtout plus en rapport avec ma jovialité actuelle.

Je brosse longuement ma crinière argentée et la dompte avec une barrette de chaque côté. Je maquille très légèrement mes paupières, juste de manière à mettre en lumière mes jolis yeux vert émeraude, où je retrouve, avec joie, une lueur d'espièglerie que je croyais pourtant éteinte à jamais.

J'ai à peine terminé ces préparatifs que mon amoureux sonne à la porte. Sous le regard ébahi de Lady qui se demande bien ce que je suis en train de faire, j'attrape une paire de ballerines (j'ai banni les escarpins depuis que j'ai pris conscience que mon sens de l'équilibre connaissait quelques ratés) ainsi qu'une veste et je me hâte vers la porte d'entrée. J'accueille Hector avec un sourire lumineux.

– Antoinette, tu es absolument magnifique ! me congratule-t-il.

Son enthousiasme me rassure, je n'étais pas persuadée de lui plaire. Cela faisait si longtemps que je n'avais pas eu l'occasion de m'apprêter ainsi. À première vue, le résultat se révèle convaincant.

– Merci, Hector, nous y allons ?

– Passe devant, je te suis, m'invite-t-il d'un geste du bras.

Sur le trajet, un doux silence s'installe. Aucune gêne cependant n'entache cette tendre atmosphère. Chacun semble profiter de la quiétude de l'instant présent. La voiture garée, il s'empresse de la contourner pour m'ouvrir la portière et me tend la main pour m'inviter à en descendre.

– Tu possèdes toujours de merveilleuses manières, je lui déclare avec délicatesse.

– Avec une dame comme toi, il ne peut en être autrement, me murmure-t-il à l'oreille.

Lorsque le serveur nous emmène jusqu'à notre table, Hector paraît soulagé. J'apprendrai plus tard que lors de la réservation, il l'avait exigé un peu à l'écart. Il voulait que sa demande reste discrète et il souhaitait à tout prix éviter que les autres clients ne puissent nous observer comme des bêtes curieuses.

Il m'expliquera également que l'ambiance particulière de ce restaurant troglodyte correspondait parfaitement à sa recherche. Le plafond bas, fait de roches, apportait à l'ensemble un aspect très intimiste qui le rassura.

Le serveur nous conduit dans un coin de la salle où la lumière est tamisée, sans aucun convive à proximité. Dès que possible, nous commandons des apéritifs.

À peine servis, et alors que je suis sur le point d'approcher mon verre pour trinquer, il me chuchote :

– Puis-je attirer une minute ton attention avant de porter un toast ?

Je me demande bien ce qui m'attend. Pourtant, mon intuition m'exhorte à le laisser parler sans l'interrompre. J'acquiesce d'un simple mouvement de tête. Il se lève alors.

Doucement, il pose un genou à terre, attrape d'un geste vif l'écrin glissé dans la poche de sa veste, l'ouvre et me regarde avec passion. S'apprête-t-il vraiment à réaliser ce que je crois ? Naturellement, mes mains se sont portées en corolle autour de ma bouche, marquant ma surprise.

– Ma chère Antoinette, malgré toutes ces années qui nous ont séparées, jamais mon amour ne s'est éteint. Je n'en avais absolument pas conscience. Certes, je pensais souvent à toi et pourtant… Un seul regard a suffi pour que le feu qui brûlait au fond de moi se ranime. Dès cette seconde, j'ai su… comme une évidence… que je ne voudrais plus passer un seul jour de mon existence loin de toi. Pour toutes ces raisons, me ferais-tu l'immense honneur d'accepter de devenir mon épouse pour le reste de nos jours ?

Je suis éberluée, les mots restent coincés dans ma gorge. Dans ma tête, mes sentiments se bousculent.

Est-ce un songe ou suis-je en train de vivre un des instants dont j'ai le plus rêvé durant toutes ces années d'extrême solitude ?

J'ai l'impression que tout le sang de mon corps est remonté jusque dans mes joues. J'ai chaud tout à coup, très chaud. Je le regarde.

Lui, en revanche, est devenu d'une pâleur inquiétante. Il me racontera qu'à ce moment précis, des doutes affreux l'avaient saisi. Sans réaction de ma part, il ne savait plus quoi penser.

Allais-je refuser sa proposition ?

À aucun moment, il n'avait envisagé cette possibilité. Cependant, ce qui était sûr, c'est qu'il n'y survivrait pas. L'attente lui apparut insoutenable, mais il ne voulait pas me hâter, et donc, il patienta.

– Alors ? me demande-t-il d'un ton suppliant.

– Oh, Hector, je ne m'attendais pas à une telle proposition !

– Et donc, tu le veux ? poursuit-il, le visage blême d'angoisse.

– Oui, bien entendu, tu ferais de moi une femme comblée, je lâche dans un soupir.

– Ouf, j'ai eu peur… Je peux me relever, car je peine ainsi ? Je ne suis plus un perdreau de l'année et cette position commence à devenir tout à fait inconfortable.

Mon rire clair et sincère lui donne le feu vert. Il se rassoit et me demande ma main. Délicatement, en prenant un temps infini, il me glisse la bague le long de l'annulaire. Ensuite, il me laisse l'observer en détail. Elle est absolument superbe !

– Quel merveilleux cadeau, Hector ! Les mots me manquent…

– Alors, ne dis rien. Je lis dans tes yeux la force de tes sentiments et cette vision suffit amplement à mon ravissement.

Nous passons le reste du repas dans un cocon vaporeux. Nous nous surprenons à sourire bêtement et cela nous amuse. Ensuite, nous évoquons l'organisation du mariage. Nous tombons d'accord pour une simple cérémonie civile en petit comité. Comme nous avons hâte de vivre ensemble, nous décidons de fixer nos noces à une date proche.

Ce sera vraisemblablement début décembre, le temps de réaliser les quelques formalités obligatoires. Alors que nous poursuivons notre conversation, une fulgurance m'assaille :

– Lorsque je vais l'apprendre à Odette, elle ne va pas en revenir.

Le regard moqueur d'Hector m'interpelle :

– Ne me dis pas que…

– Je crois bien que si, m'interrompt-il.

– Pourquoi ?

– J'avais besoin d'un avis éclairé. Elle constituait la personne la plus indiquée pour me le fournir.

– Et elle ne m'en a rien dit !

– Elle n'aurait voulu te gâcher cette surprise pour rien au monde…

– Comme quoi, finalement, si elle veut tenir sa langue, elle s'avère plutôt douée. Je ne me suis doutée de rien.

– Oui, c'est difficile à croire et pourtant…

Notre dialogue se poursuit sur notre amie commune. Hector me raconte en détail ses différentes tentatives d'approche les mois précédents.

Son récit provoque une avalanche de rires. Je vois si bien les scènes qu'il décrit ainsi que les réflexions supposées d'Odette une fois qu'il devenait hors de portée de voix. Bizarrement, elle n'en avait pas soufflé le moindre mot.

Lorsqu'enfin, il me reconduit à la maison, nous nous embrassons tendrement, nous étreignant pendant de longues minutes avant de nous quitter sur le pas de la porte.

Louise

47

Ce soir, Hector m'a appelée. À sa voix si enjouée, j'ai compris que sa dulcinée avait accepté de l'épouser. Je l'ai donc chaleureusement félicité. Pourtant, je sens qu'il lui reste une requête à formuler. Cette impression se confirme lorsqu'il m'invite le jeudi suivant à prendre le thé.

Que me réserve-t-il comme nouvelle surprise ?

J'avoue que je n'en ai pas la moindre idée. Avec ma curiosité maladive, il m'est bien malaisé de patienter jusqu'à la date fatidique.

Le jour dit, je suis au taquet ! À mon arrivée, je l'entends me déclarer de loin :

– Rentre Louise, la porte est ouverte, je te rejoins sous peu.

Effectivement, il se présente à moi quelques instants plus tard, un grand sourire aux lèvres. Je le découvre vêtu d'une salopette bleue et toute poussiéreuse.

– En pleins travaux ?

– Pas vraiment, je finis de trier et de ranger les affaires de mes parents. Je souhaite qu'Antoinette se sente bien ici et pour cette raison, je lui libère de l'espace. Elle pourra ainsi apporter à cette maison sa propre patte. Bientôt, ce ne sera plus chez moi, mais chez nous. Son bien-être constitue ma priorité !

– Je vois ça, c'est bien.

– Je l'ai attendue toute ma vie, désormais je me sens définitivement prêt, affirme-t-il, sûr de lui.

Sa prévenance m'impressionne, même si je commence à comprendre qu'elle représente une part non négligeable de sa personnalité.

– En quoi puis-je t'être utile aujourd'hui ?

– Installe-toi, je vais tout t'expliquer devant une bonne tasse de thé.

Patiemment, les mains autour de mon mug brûlant, j'attends qu'il prenne la parole. Il n'a pas l'air inquiet, il semble juste souhaiter prendre son temps. J'en profite pour scruter son visage. Depuis quelques semaines, ses traits se sont relâchés et ses yeux pétillent d'une lueur nouvelle. Il paraît apaisé et heureux. Il esquisse un sourire et se lance :

– Depuis que je suis revenu dans notre village, tu as souvent été présente pour moi et je t'en remercie. Naturellement, quand j'ai réfléchi à mon témoin, j'ai pensé immédiatement à toi, c'était comme une évidence. Accepterais-tu de remplir ce rôle ?

– Ce serait pour moi un honneur, je suis émue que tu m'aies choisie…

Une larme coule le long de ma joue sans que je puisse la retenir. Il poursuit, visiblement soulagé par ma réponse :

– Merci à toi d'accepter. Je ne voudrais pas abuser, mais j'aurais besoin d'un petit coup de pouce supplémentaire…

– Je suis tout ouïe, dis-moi.

– Comme j'aimerais faire les choses correctement, je souhaiterais rédiger des vœux, mais je ne me sens pas encore capable de le réaliser seul. Est-ce que tu veux bien m'aider ?

– Bien sûr. Tu sais déjà ce que tu souhaites lui dire ?

– Oui, j'y ai déjà largement pensé, mais dans les grandes lignes. Mais avec toi, je vais pouvoir trouver les mots les plus justes pour exprimer mes sentiments.

– Je suis partante. On commence maintenant ?

Il se lève pour aller récupérer un bloc de papier et un crayon. Une heure durant, nous couchons sur papier ses idées. Il se montre très exigeant et m'interpelle souvent pour revenir sur ce que nous avons écrit. Il veut être persuadé que ses paroles correspondront parfaitement à ses sentiments. C'est un travail de longue haleine et la version à laquelle nous aboutissons ne constitue qu'une ébauche. Cependant, nous sommes trop fatigués pour améliorer davantage ce premier essai. Prendre du recul reste primordial pour obtenir la qualité souhaitée, je lui propose donc de continuer d'ici quelque temps. Nous disposons encore d'un peu de marge. Le mariage ne se déroulera que dans trois semaines.

Sept jours plus tard, nous constatons que notre méthode s'avérait la bonne. Nous arrivons facilement à redresser les formulations de phrases un peu bancales. Le résultat se révèle criant de sincérité. Afin qu'Hector puisse recopier ses vœux au propre, je lui ai apporté du beau papier prélevé dans mes nombreux sets de correspondance (oui, j'aime entretenir des relations épistolaires…). Je reste près de lui pendant qu'il s'applique à la tâche pour le rassurer.

Parfois, je lui conseille de reprendre un délié, d'espacer davantage ses mots pour qu'il n'éprouve aucune difficulté à les déchiffrer devant monsieur le maire. Enfin, je l'écoute me les lire plusieurs fois. Au début, sa voix se fait timide, puis elle gagne en intensité jusqu'à devenir très posée. Je sais, par expérience, que le jour de la cérémonie, l'émotion viendra tout perturber. L'entraînement apparaît, de ce fait, indispensable.

Nous nous quittons ravis. Antoinette et lui ne disposent plus que de quelques jours pour mettre au point cette fête inoubliable. Je lui promets de me libérer avec Valentin pour les épauler afin de préparer, la veille, la salle des fêtes de Beaulieu qu'ils ont réservée. Il m'apprend qu'Odette, Guillaume et Marie seront également présents. Quelle douce folie en perspective nous attend !

Louise

48

« L'amour, c'est de trouver la personne qui comblera votre cœur et fera de vous un être meilleur que tout ce que vous avez rêvé d'être. »
Julia Quinn, *La Chronique de Bridgerton*

Le jour du mariage est arrivé et ce matin, nous avons bien du mal à émerger. Comme je l'avais prévu, la soirée qui l'a précédé a été mouvementée. Odette et Guillaume n'ont pas arrêté de se disputer sur l'installation. Ils disposent, tous deux, d'un caractère bien trempé et l'ambiance s'annonçait donc explosive. Pourtant, alors que nous aurions pu les séparer, nous étions tous pliés de rire en écoutant leurs échanges.

Au bout d'un moment, ils ont réussi à se mettre d'accord. L'indifférence des futurs mariés m'apparut sidérante, rien ne semblait pouvoir les atteindre tellement ils évoluaient sur leur petit nuage. Tout leur allait, quoi que nous leur proposions. C'était relativement pratique. Au bout du compte, l'ornement de la salle s'est révélé splendide avec ses tentures et sa décoration assortie qu'Odette et Antoinette avaient passé des heures à préparer.

À l'heure dite, nous sommes installés sur les bancs de la mairie.

Assise au premier rang, j'ai gardé une place pour Odette, qui tient naturellement le rôle de témoin de sa meilleure amie. Mon fils et mon mari sont placés juste derrière. Quant à Constance, elle a été mise à contribution pour être demoiselle d'honneur avec Lady, vous en comprendrez très vite la raison. Quelques amis occupent les autres rangées, Marc et Élise ainsi que Joël et Suzanne sont également présents.

Monsieur le maire apparaît derrière le bureau, écharpe autour du cou, signal attendu pour qu'Hector entame son entrée. Ses premiers pas se révèlent fébriles, puis il relève la tête et avance d'un pas décidé droit sur son objectif. Son costume bleu marine lui donne fière allure. Son nœud papillon, de la même teinte, fait ressortir sa chemise d'un ton plus clair. L'air satisfait avec lequel il le porte aujourd'hui et sa démarche assurée en remontant l'allée lui donnent une envergure inédite. Il se place sur la droite et se tourne vers l'assemblée. Je peux lire, dans ses yeux désormais si expressifs, son empressement à découvrir sa future femme.

Dès que les premières notes de *Je vais t'aimer* de Michel Sardou résonnent, elle se présente au bras de son amie. Sa robe rose pâle (sa couleur préférée) sur laquelle elle porte une veste assortie est parfaite. Mi-longue, avec un léger décolleté orné de dentelle, elle met en valeur son port altier et sa belle taille. Un fin collier doré doté d'une émeraude rehausse magnifiquement sa tenue. Un bouquet aux teintes pastel agrémente sa toilette. Elle se déplace avec une élégance rare, si naturelle.

À ses côtés, Odette, plus petite, allonge le pas pour rester à sa hauteur. Cela pourrait paraître ridicule et, pourtant, leur complicité se révèle si flagrante que ce détail passe inaperçu. Arrivées devant le maire, cette dernière s'efface et vient prendre place près de moi après avoir confié la main de son amie à son promis. Tout ce temps, Hector n'a pas quitté Antoinette des yeux, son regard déborde tellement d'amour que j'en suis tout émue.

D'un même mouvement, ils se tournent vers monsieur le maire pour commencer la cérémonie. Après les salutations d'usage et avant de célébrer le mariage en lui-même, il invite les personnes qui souhaitent intervenir à le faire maintenant. Hector attendait ce moment. Soigneusement, il déplie ses vœux préparés avec rigueur, se place face à sa compagne et déclare :

Antoinette,

La première fois que nous nous sommes rencontrés, je t'ai trouvée si espiègle. J'ai vite saisi qu'une sacrée chipie se cachait derrière ton visage d'ange. Par la suite, souvent, nous nous sommes revus. Nous partagions nos déboires, nos souffrances comme nos victoires. Peu à peu, des sentiments d'un genre nouveau sont apparus. Au départ, nous ne savions pas vraiment de quoi il s'agissait, nous étions si novices. Mais, lorsqu'un jour, j'ai eu une envie irrésistible de t'embrasser, j'ai compris… J'ai compris que l'amour avait pris possession de mon cœur. De nos rencontres clandestines, je garde la saveur et l'excitation de précieux instants volés, vois-tu, je n'en ai oublié aucun.

Lorsque tu n'es pas venue au rendez-vous ce fameux jour, j'ai d'abord pensé qu'il t'était arrivé malheur. J'ai osé téléphoner chez toi quelque temps plus tard, et ta mère m'a répondu de t'oublier, car nous ne pourrions jamais plus nous revoir. Alors, mon cœur s'est brisé et je croyais, dur comme fer, que jamais il ne pourrait aimer de nouveau. Cependant, grâce à Odette, de manière involontaire toutefois, nous voici enfin réunis. La vie nous a offert une dernière occasion de vivre notre histoire. Aujourd'hui, et je peux l'affirmer haut et fort, je veux, de tout mon être, en écrire chaque page tout près de toi, mon amour, parce que je t'aime depuis toujours et pour l'éternité.

Tout au long de son discours, Antoinette ne lâche pas sa main. Elle l'avait saisie dès qu'elle avait compris ce qu'il s'apprêtait à faire, buvant chacune de ses paroles avec délectation. Son trouble déclenche des vibrations dans son corps et elle peine à dissimuler ses tremblements. Tout à son exercice, Hector ne le perçoit qu'une fois qu'il relève le visage vers elle. Il la tranquillise d'un geste tendre, caresse sa main avec douceur. De mon côté, je suis fascinée par l'application et la détermination avec lesquelles il a lu ces quelques lignes. Personne, à ce moment précis, n'aurait pu deviner qu'il n'avait réappris à lire que quelques mois auparavant. Quelle victoire pour lui !

Soudain, Odette remet à son amie une feuille qu'elle a conservée dans son sac à main. Visiblement, la séquence émotion est loin d'être terminée. Je me tourne alors vers mon mari qui me tend un paquet de mouchoirs sans que j'aie besoin de le lui demander. Il sait que je ne pourrais pas résister plus longtemps. Nous patientons quelques instants, la future mariée semble éprouver quelque difficulté à se remettre de cette magnifique déclaration d'amour.

Mon Hector,

Enfant, je rêvais de princes charmants comme toutes les petites filles de mon âge. J'imaginais mon futur mari sous les traits d'un valeureux chevalier. Pourtant, en grandissant, je me suis rendu compte que ce dernier possédait en réalité un côté pédant qui m'agaçait au plus haut point. Avec le recul, je comprends mieux pourquoi tu as ravi mon cœur si aisément.

Ta sensibilité, ton manque de confiance en toi te confèrent une douceur inouïe. Avec moi, tu as toujours été si prévenant, si attentionné, me faisant me sentir la personne la plus importante au monde.

J'ai horriblement souffert de t'avoir perdu, je me suis sentie si coupable d'avoir gâché un tel amour.

Chaque soir, dans l'intimité de ma chambre, je formulais le même vœu, celui de pouvoir à nouveau te rencontrer. Alors lorsqu'un jour, cet instant est arrivé, j'ai d'abord cru à un mirage, cela ne pouvait être réel. De plus, lorsque j'ai réalisé que les années n'avaient en rien entaché ton caractère, j'étais si reconnaissante envers la vie.

Dorénavant, je me sens sereine, car je t'ai retrouvé toi, mon âme sœur et je te promets de t'aimer et de te chérir jusqu'à mon dernier souffle.

Désormais, je sais qu'au jour où ma vie prendra fin, je pourrai dire comme le formule si bien Alfred de Musset dans
On ne badine pas avec l'amour :

« Et quand on est sur le bord de la tombe, on se retourne pour regarder en arrière et on se dit : j'ai souffert souvent, je me suis trompé quelquefois, mais j'ai aimé. C'est moi qui ai vécu, et non pas un être factice créé par mon orgueil et mon ennui. » Je t'aime intensément, mon tendre amour...

Et voilà ! Je fonds en larmes. Je ne suis pas la seule, car j'entends d'autres reniflements dans mon dos. Même monsieur le maire essuie son œil humide du revers de sa manche et peine à retrouver son élocution.

— Madame et Monsieur, je vous remercie pour ce grand moment d'émotions. Je n'ai pas souvent l'occasion d'être bouleversé à ce point. Pouvons-nous poursuivre la cérémonie ?

Ils hochent tous deux la tête en signe d'acquiescement.

— Passons donc à l'échange des consentements. Avez-vous les alliances ?

J'adresse alors un signe à ma fille qui attendait sagement, assise auprès de Suzanne, au dernier rang, avec Lady. Elle remonte l'allée, pas à pas, et tient la chienne au bout d'une laisse assortie à la robe de la mariée.

Le caniche semble savoir qu'elle doit faire bonne figure, car elle obéit parfaitement. Il est amusant de les voir s'avancer vers les mariés, chacune le menton bien haut, conscientes que tous les regards sont braqués sur elles.

Parvenues à destination, Constance demande à Lady de s'asseoir afin que les mariés saisissent les alliances, placées dans un petit panier, qui pend du cou de la chienne. Odette et moi lui laissons ensuite une place pour qu'elle puisse se mettre près de nous, l'animal à ses pieds.

Antoinette et Hector échangent leurs consentements avec une rare assurance, ce qui amuse l'assistance. Quelques instants plus tard, la cérémonie touche à sa fin. Odette et moi apposons nos signatures sur le registre d'état civil puis nous nous dirigeons vers la porte pour préparer leur sortie. Très vite, des flacons de bulles de savon sont distribués pour accueillir les mariés.

Des ovations les saluent. Ils sont absolument radieux et je n'ai aucun doute sur la suite des événements. D'ailleurs, ne dit-on pas « Mariage plus vieux, mariage heureux » ? Même si, dans leur cas, ils ont vraiment pris leur temps.

Antoinette nous surprend en demandant à toutes les femmes célibataires de se mettre en demi-cercle à quelques mètres d'elle. Elle insiste même pour qu'Odette en fasse partie. Comme à son habitude, celle-ci râle, grognant un « *c'est ridicule !* », mais la mariée obtient satisfaction en lui rappelant qu'il s'agit de sa journée et que, par conséquent, elle est la seule à prendre les décisions !

Une fois tout le monde en place, je suis surprise de voir la force avec laquelle elle lance son bouquet qui atterrit directement dans les mains… d'Odette !

– Non, mais ça va pas ! De toute manière, aucun risque que cela arrive… s'esclaffe-t-elle violemment, les yeux rivés sur ce maudit bouquet.

– Ça, seul l'avenir pourra en décider, rétorque Hector dans un grand éclat de rire, mettant ainsi fin à ses récriminations.

Louise

Lorsque je me suis lancée dans cette aventure de librairie ambulante, jamais je n'aurais pensé qu'elle m'amènerait à faire de telles rencontres. Cette année représente pour moi une véritable renaissance. J'ai atteint l'objectif que je m'étais fixé. Même si je ne vous cache pas que, pour le moment, mon salaire s'avère à peine suffisant pour en vivre.

Heureusement que nous possédons quelques économies ! Désormais, mon circuit et mon agenda sont rodés et je pars à la rencontre de nouveaux lecteurs. Ainsi, je partage mes lectures, mes coups de cœur, comme mes déceptions et chaque jour, je ressors plus riche de ces échanges. Je discute, je prends le temps de vivre et de travailler à mon rythme. Je n'ai plus le sentiment de courir sans fin après les heures qui défilent, car chacune s'annonce souvent pleine de découvertes.

Plus que jamais, je comprends le propos d'Addison lorsqu'il affirme « La lecture est à l'esprit ce que l'exercice est au corps. »

Autour de moi, ma famille s'est agrandie : ceux qui en constituent le noyau dur sont toujours là, plus proches que jamais. Mais des amis sincères sont venus s'y greffer. Odette m'a chamboulée littéralement par sa personnalité hors norme. Je me rends compte d'ailleurs que je ne lui ai pas avoué n'avoir pu terminer *La Philosophie dans le boudoir*, ce livre m'a réellement choquée ! Hector m'a attendrie par sa candeur et ses doutes.

Quel bonheur de voir son histoire se terminer sur un tel feu d'artifice ! Je n'aurais jamais eu le plaisir de les rencontrer sans ma reconversion. Rien que pour cela, je ne regrette rien.

Par leur sagesse, acquise au fil des années, ils m'ont appris qu'il faut toujours aller au bout de ses rêves, que cette envie constitue la seule chose qui vaille la peine d'être vécue, car la vie peut parfois se montrer injuste ou réserver une fin inattendue…

REMERCIEMENTS

À mon époux, pour ton soutien infaillible et tes remarques toujours très constructives. Ton amour est pour moi une source inépuisable d'inspiration…

À mes filles, à toi Rose tout d'abord, fan de la première heure, qui, chaque soir, en rentrant du collège, me demandait de lui lire le chapitre du jour. À ton aide précieuse en me donnant régulièrement des idées lumineuses. À toi Éléonore : tu n'as pas encore mis le nez dedans, mais tu le feras un jour peut-être, c'est bien connu, quand on est une ado, on est débordée !

À ma mère, toi qui as assouvi, dès le départ, ma passion des livres, sans jamais y mettre de limites et m'a permis de vivre mille vies. À la force de caractère que tu m'as transmise et qui me permet chaque jour d'avancer toujours plus loin.

À mes amies, vous qui dès le départ du projet m'avez soutenue, il y a parfois un peu de vous dans mes personnages.

À ma correctrice Élèna, tu fus la première, en dehors de mon cercle familial, à m'avoir fait des éloges. Ta confiance en mon roman m'a donné des ailes pour mener à bien mon projet.

À mes premières lectrices Jennyfer, Laëtitia G. et Cassandra, vos retours enthousiastes m'ont enchantée.

Aux auteurs, nouveaux et anciens qui m'inspirent chaque jour dans ma vie, qui me relaxent quand la journée a été difficile, qui me font pleurer ou rire depuis toujours.

Spéciale dédicace au groupe Facebook Découvrons De Nouveaux Auteurs, vous ne le savez peut-être pas, mais c'est de vous lire au quotidien, d'échanger avec vous qui m'a poussée à franchir le pas. À chaque nouvelle question, il y avait toujours quelqu'un pour me répondre. Cette solidarité a fait chaud à mon cœur d'éternelle optimiste…

BIBLIOGRAPHIE

Parce que chacune de mes lectures a nourri mon imagination au quotidien, voici celles qui m'ont accompagnée dans ce roman.

Elles sont classées dans leur ordre d'apparition dans les chapitres.

Les Aventures de Oui-Oui, Enid Blyton, Bibliothèque Rose
La série de *l'Étalon noir*, Walter Farley, Bibliothèque Verte
Voyage au centre de la Terre, Jules Verne
D'un monde à l'autre, La Quête d'Ewilan, Pierre Bottero
André Laurie
JRR Tolkien
Pierre Bordage
Laurent Généfort
Jean Teulé
Imbroglio, Nil Borny*
Persuasion, Jane Austen
Molière
Stefan Zweig
Michel Bussi
Agnès Martin-Lugand
Vingt mille lieues sous les mers, Jules Verne
Sacrées sorcières, Roald Dahl
Histoires pressées et ses suites, Bernard Friot
La collection Harlequin
Les chroniques de Bridgerton, Julia Quinn
Les sœurs Brontë
Le Petit Prince, Antoine de Saint Exupéry
Et pourquoi ? Michel Van Zeveren
Le Petit Chaperon rouge, Charles Perrault
Pierre et le loup, Serge Prokofiev
Les Trois Petits Cochons, Charles Perrault
C'est moi le plus fort, Mario Ramos
13 à table, recueil de nouvelles, année 2021
Les Aventures de Tom Sawyer, Mark Twain
Vendredi ou la vie sauvage, Michel Tournier
Peter Pan, JM Barrie
L'épave du Cynthia, Jules Verne et André Laurie

Noir de Lune et Bleu de Lune, Estelle Tolliac (chapitre 22) *
Mon Prince ne viendra pas (Tant pis, je ferai sans !),
Alex Kin*
Le Tour du monde en 80 jours, Jules Verne
*Terre des Ombre*s, Josépha juillet (chapitre 25) *
Au Maroc, Pierre Loti
Harry Potter, JK Rowling
Poèmes, Paul Verlaine
Sacrées sorcières, Pénélope Bagieu
Nouvelles érotiques, Anonyme
La Philosophie dans le boudoir, Marquis de Sade
Les Liaisons dangereuses, Choderlos de Laclos
Cinquante nuances de Grey, EL James
Les Aventures d'Arsène Lupin, Maurice Leblanc
Le secret de grand-père, Michael Morpurgo
Agatha Christie
L'Homme qui plantait des arbres, Jean Giono
Memento Mori, tomes I et II, Stéphane Bourles (chapitre 49)
*

Les Piliers de la Terre, Ken Follet
Hector Servadac, Jules Verne
On ne badine pas avec l'amour, Alfred de Musset
Addison
J'ai découvert tous les livres marqués d'une étoile, sur le groupe Facebook, Découvrons De Nouveaux Auteurs (DDNA), alors si vous souhaitez vous aussi leur donner leur chance, n'hésitez pas !

9 798322 989615